Sabine Szymanski
2009

Redelf von Busch

Christentum kann anders sein

Glauben und Leben

Band 52

LIT

Redelf von Busch

Christentum kann anders sein

Befreiung aus überlebten Traditionen

LIT

Bibliografische Information der Deutschen Nationalbibliothek
Die Deutsche Nationalbibliothek verzeichnet diese Publikation in der Deutschen Nationalbibliografie; detaillierte bibliografische Daten sind im Internet über http://dnb.d-nb.de abrufbar.

ISBN 978-3-643-10249-2

Verlagskontakt:
Fresnostr. 2 D-48159 Münster
Tel. +49 (0) 2 51-620 32 22 Fax +49 (0) 2 51-922 60 99
e-Mail: lit@lit-verlag.de http://www.lit-verlag.de

Auslieferung:
Deutschland: LIT Verlag Fresnostr. 2, D-48159 Münster
Tel. +49 (0) 2 51-620 32 22, Fax +49 (0) 2 51-922 60 99, e-Mail: vertrieb@lit-verlag.de

Österreich: Medienlogistik Pichler-ÖBZ GmbH & Co KG
IZ-NÖ, Süd, Straße 1, Objekt 34, A-2355 Wiener Neudorf
Tel. +43 (0) 22 36-63 53 52 90, Fax +43 (0) 22 36-63 53 52 43, e-Mail: mlo@medien-logistik.at

Schweiz: B + M Buch- und Medienvertriebs AG
Hochstr. 357, CH-8200 Schaffhausen
Tel. +41 (0) 52-643 54 85, Fax +41 (0) 52-643 54 35, e-Mail: order@buch-medien.ch

Inhalt

Vorwort

Tradition ist kein Sofa,
sondern ein Sprungbrett.
Harold Macmillan

Zugegeben: Wir haben in unserer religiösen Tradition Worte und Riten, die uns lange vertraut und dadurch lieb geworden sind. Das ist die eine Seite. Die andere: Es gibt kirchliche Lehren und Ordnungen, die bestenfalls in der Zeit ihres Entstehens ihren guten Sinn gehabt haben, heute aber missverständlich oder sogar falsch sind. Was innerkirchlich aussieht wie Treue zu Glaube und Bekenntnis, erweist sich bei näherem Hinsehen oft als ein zähes Festhalten an überholten Traditionen, das von Ängsten und falschem Gehorsam geleitetet ist. Sie entstellen das Christentum.

Das führt dazu, dass Menschen, die das spüren, sich enttäuscht von ihrer kirchlichen Gemeinschaft abwenden; und manchmal auch von allem Religiösen. Andere suchen in einer neuen Religiosität Antworten und Lebensorientierung.

Was aber kann Maßstab zur Unterscheidung von spiritueller Wahrheit und nicht mehr Gültigem sein – außer dem, was sich einem Menschen aus eigener religiöser Erfahrung überzeugend erschließt? Eine erstaunlich wenig genutzte Chance liegt in der Rückbesinnung auf Jesus, den Begründer des Christentums. Seine Worte und Taten sind durch die kritische theologische Arbeit der letzten Jahrzehnte immer klarer und besser zugänglich geworden. Sie wurden von manchen nachträglichen Verfälschungen und scheinbaren Widersprüchen befreit. Jesus ist heutigem spirituellem Empfinden erstaunlich nahe. Seine Religion ist nicht Moral. In seiner Vorstellung ist Gott nicht der gesetzgebende, beurteilende, zornige und strafende, sondern der Gott, der Liebe und Freiheit schenkt.

Unsere Sache ist es, ob wir diese Freiheit in Anspruch nehmen. Und das kann heißen, dass wir uns neuem Denken öffnen und uns von Traditionen, die nicht überzeugen, trennen. Im Folgenden versuche ich, dafür Maßstäbe und Begründungen aufzuzeigen. Und ich stelle neue Entwürfe zur Diskussion, die einer eigenen Spiritualität ein Haus geben können.

Redelf von Busch

1. Bei Jesus ging es nicht immer um Sünde – die 7 Hauptthemen seiner Verkündigung

Seit früher Zeit ist die Sünde und ihre Bewältigung das zentrale Thema des Christentums. Aus gutem Grund, insofern darin die grundsätzliche Entfremdung des Menschen von Gott ihren Ausdruck findet.

Als ich aber vor einer Reihe von Jahren damit begann, mich intensiv mit dem Leben und der Lehre des historischen Jesus zu beschäftigen, stieß ich auf eine überraschende Diskrepanz: Zwar ist Sünde auch bei Jesus ein wichtiges Thema. Aber er geht damit anders um als in der kirchlichen Tradition üblich. Und: Bewältigung von Schuld ist bei ihm *ein* Thema neben mindestens sechs anderen. Dem Christentum hat es nicht gut getan, dass Sünde zu seinem zentralen Paradigma wurde. Und den Menschen hat es nicht gut getan, dass die Kirche den Weg Jesu verlassen hat: Ihre Weise, Sünde zu bewältigen, dürfte im Vergleich zu dem Ansatz Jesu wenig hilfreich gewesen sein.

Was ist eigentlich Sünde?

Das Problem fängt oft damit an, dass zwei Bedeutungen des Wortes Sünde nicht hinreichend unterschieden werden: die religiöse und die moralische Bedeutung. Die religiöse hat mit dem Wesen des Menschen zu tun: Er ist Sünder, insofern sein Ego (Paulus würde sagen: sein Fleisch) in ständiger Versuchung ist, zu Gott auf Distanz zu gehen. Hier ist die Frage: Wie kann ein Mensch zur Gemeinschaft mit Gott zurückfinden?

Beim zweiten, dem moralischen Sündenbegriff, geht es um unsittliches Verhalten. Die Frage ist hier: Wie kann ein Mensch von Schuld und schlechtem Gewissen befreit werden? Und wie kann er unsittliches Verhalten vermeiden? Das scheint mir überwiegend ein innerweltliches Problem.

Aber ist nicht Gott auch Gebieter guter Taten? So jedenfalls in der alttestamentlichen Tradition: Dort ist Gott wesentlich Gesetzgeber, und seine Gebote regeln nicht nur die Gottesbeziehung, sondern sie sind auch so etwas wie das Bürgerliche Gesetzbuch. Die christlichen Kirchen sind diesem mosaischen Konzept im Wesentlichen gefolgt; mit der Einschränkung, dass nicht sämtliche Gebote des Alten Testaments als verpflichtend angesehen wurden.

Es scheint mir fragwürdig, ob die Christen damit Jesus gefolgt sind. Bei ihm ist Gott nicht mehr der Gesetzgeber. Die vielen Gebote werden im

Grunde ad absurdum geführt, wenn für ihn eigentlich nur das eine gilt, das Liebesgebot: „Du sollst den Herrn, deinen Gott, lieben von ganzem Herzen... Du sollst deinen Nächsten lieben wie dich selbst“ (Mt 22,37f). Im Grunde ist das kaum vergleichbar mit den moralischen Geboten. Es hat weniger mit Kopf, Willen oder Triebhemmung zu tun als vielmehr mit dem Herzen. Und zu erfüllen ist es eigentlich nur in einer spirituellen, gottverbundenen Haltung.

Dem entspricht bei Jesus, wie er Gott darstellt: Als Vater der Menschen, der eigentümlich desinteressiert ist an Gut und Böse: „Er ist gütig gegen alle, die undankbar und böse sind“ (Lk 6,35). Oder: „Er lässt seine Sonne über Böse wie Gute aufgehen und lässt regnen über Gerechte und Ungerechte“ (Mt 5,45). Als Pharisäer ihren Unmut äußern über seinen ungehörigen Kontakt zu „Sündern“, verlässt er ihre moralischen Kategorien, indem er antwortet: „Nicht die Gesunden brauchen den Arzt, sondern die Kranken“ (Lk 5,31). Überhaupt scheint sittliches Beurteilen nach Jesu Auffassung nicht zum Gottesreich zu passen, wenn er auffordert: „Richtet nicht, damit ihr nicht gerichtet werdet!“ (Mt 7,1). Im Gleichnis vom Unkraut unter dem Weizen warnt er vor dem Eifer, das Böse auszurotten: „Lasst beides (Weizen und Unkraut) miteinander wachsen bis zur Ernte“ (Mt 13,24 ff). Für Jesus gilt offenbar, was der 1. Johannesbrief kurz zusammenfasst: „Gott ist Liebe“ (4,16).

Damit steht er nicht zu allen, aber zu wesentlichen Passagen des Alten Testaments in einer Distanz, die in der christlichen Kirche weithin nicht mitvollzogen wurde.[1]Wenn man bedenkt, welch zentrale Rolle moralische Sünde und Vergebung in der Kirche spielen, ist es auffällig, dass Jesus in nur zwei Geschichten Sünden vergibt. Und er tut es in einer Weise, als ob er lediglich einen – bei Gott schon gültigen – Sachverhalt konstatiert: „Deine Sünden *sind* dir vergeben“ (Mt 9,2 und Lk 7,48). Bei Jesus steht im Mittelpunkt, wie die Gemeinschaft zwischen Mensch und Gott wieder hergestellt werden kann, wie also „Sünde“ im religiösen Sinn überwunden werden kann (dazu später mehr; auch über die Bewältigung von Schuld wird unten noch ausführlicher zu reden sein).

Der an sich zentrale religiöse Sündenbegriff scheint mir heute kaum noch brauchbar – nicht ohne Schuld der Kirche, die ihn zu unbedacht mit dem moralischen Begriff vermischt. In der Alltagssprache ist „Sünde“ bei uns rettungslos banalisiert. Vielleicht liegt sogar ein latenter Affront gegen penetrant moralisierende Rede der Kirche darin, wenn das Bekenntnis: „Ich habe heute gesündigt“ meistens den übermäßigen Genuss von Sahnetorte oder zu schnelles Autofahren meint. Volkstümlich geworden ist daneben ein anderer Gebrauch des Begriffs, der Sünde mit außerehelichem Sex gleichsetzt. Vermutlich wäre es angebracht, um der Klarheit willen im kirchlichen Sprachgebrauch weitgehend auf das Wort Sünde zu verzichten. Weil ich befürchte, dass man mich der Verharmlosung von Sünde bezichtigt, betone ich: Eben weil beide Inhalte von „Sünde" (die moralische Schuld wie die Trennung von Gott) so wichtige Themen sind, dürfen sie nicht mit einem so missverständlichen und missachteten Wort bezeichnet werden.

Die Hauptthemen der Botschaft Jesu

Bei Jesus ging es keineswegs immer um Sünde. Wenn man das, was von ihm überliefert ist, im Hinblick auf wiederkehrende Aussagen betrachtet, lassen sich mindestens sieben Themenbereiche herauskristallisieren. Sie verdienen es, differenziert wahrgenommen zu werden. Bevor ich sie ausführlich darstelle, benenne ich sie zunächst in Kürze, und zwar in Polaritäten: Jeweils der erste Pol bezeichnet ein häufiges menschliches Defizit, der zweite die göttliche Möglichkeit, die den Menschen eröffnet wird. Anders gesagt: Der erste Pol ist Kennzeichen der alten Welt, der zweite ist Kennzeichen des Reiches Gottes:

1. Mangel – Fülle

Der Mensch ist von seinem Wesen her ein vielfältig Bedürftiger – Gott ist der aus unerschöpflicher Quelle schenkende.

2. Trennung – Verbundenheit

Zum Menschen gehört es, dass er immer wieder die Verbindung zu Gott verliert oder zerstört – während Gott immer neu die Gemeinschaft sucht und ohne Vorwurf schenkt.

3. Niedrigkeit – göttliche Herrlichkeit

Menschen fühlen sich oft wertlos oder schlecht und nehmen auch anderen ihre Würde – Gott gibt Menschen Anteil an seiner Würde und Herrlichkeit.

4. Schuld – Versöhnung

Menschen geraten durch Übertretung von Normen in Schuld und leiden unter schlechtem Gewissen – Gott befreit sie davon und gibt inneren Frieden.

5. Schwachheit und Tod – Macht und neues Leben

Menschliche Begrenztheit und Hinfälligkeit zeigt sich in Krankheit und im Sterben – Gott schenkt Heilung und Auferstehung.

6. Verblendung – Wahrheit
Zum „alten" Menschen gehören Blindheit, Irrtum, Lüge und Heuchelei – bei Gott ist Klarheit und Wahrheit, und Jesus offenbart sie, auch indem er die Welt als Gottes Reich sehen lehrt.

7. Abhängigkeit – Freiheit
Das mit dem irdischen Leben gegebene Ego führt unvermeidlich in vielerlei Abhängigkeit – in der Sphäre des Reiches Gottes gewinnen wir Freiheit.

Man könnte einwenden: Was jeweils auf der linken, der defizitären Seite steht, sei eben mit dem alten Wort Sünde gemeint. In der Tat. Nur macht der Begriff Sünde das alles aus den oben genannten Gründen nicht (mehr) deutlich; schon gar nicht der moralische Sündenbegriff. [2]

Wenn ich im Folgenden die sieben Themenbereiche Jesu ausführlicher vorstelle, verweise ich dabei um der Kürze willen nur auf die wichtigsten Belegstellen in den Evangelien. Bei manchen könnte man darüber streiten, ob es sich dabei um originale Jesus-Aussagen handelt. Das ändert nach meiner Überzeugung nichts an der Tatsache, dass es hier um jesuanische Grundanschauungen geht. – Mehrfach wird man feststellen, dass sich die Inhalte der Themenbereiche überschneiden und dass sich manches auch einem andern Bereich zuordnen ließe. Dennoch meine ich, dass sich der Versuch des Unterscheidens lohnt: Dadurch kommt konkreter in den Blick, wie vielseitig die Verkündigung Jesu ist und wie aktuell sie für unsere Wirklichkeit ist.

1. Thema: Mangel – Fülle

Mangel kann bei uns verschiedene Gesichter haben: Auf der materiellen Ebene erscheint er z.B. als Armut und Hunger, auf der psychischen Ebene als Einsamkeit und Fehlen von Liebe, auf der spirituellen Ebene etwa als Angst, Leere, Hoffnungslosigkeit sowie als Mangel an Vertrauen und Selbstwertgefühl.

Dem steht auf jeder Ebene eine unerschöpfliche Fülle Gottes gegenüber. Wie überraschend und unfassbar sie für Menschen ist, demonstrieren die Geschichten von der Speisung der 4000 bzw. 5000 (sechsmal in den Evangelien erzählt, z.B. Mk 6,30ff) und die Erzählung vom großen Fischzug des Petrus (Lk 5,1ff). Göttliche Fülle steht auch im Hintergrund, wenn Jesus ermutigt „Macht euch keine Sorgen!" (Mt 6,25ff) – denn: Es ist reichlich da. Von der erstaunlichen göttlichen Energie sprechen mehrere Wachstumsgleichnisse Jesu: das vom vierfachen Ackerfeld, welches trotz großer Einbußen reiche Ernte trägt; von der selbstwachsenden Saat, die ohne menschliches Zutun zur Reife kommt; vom Senfkorn, wo aus einem winzigen Samen ein erstaunlich stattliches Gewächs wird (Mk 4). Wem es gelingt, Irdisches loszulassen, der empfängt dafür hundertfach (Mk 10,29f). Den Weg zur Fülle beschreibt Jesus in Lukas 6,38: „Gebt, so wird euch gegeben. Ein volles, gedrücktes, gerütteltes und überfließendes Maß wird man in euren Schoß geben."

Mit alledem wird ein für uns Menschen neuralgischer Punkt berührt: Meist fällt es uns schwer, sorglos zu leben oder großzügig etwas herzugeben – entweder aus Angst, zu kurz zu kommen, oder aus Gewinnsucht. Das führt zu einer Fehlsteuerung: zu Anhäufung extremer Reichtümern auf der einen Seite und zu vielfacher Armut auf der andern – eins der größten ungelösten Probleme unserer Zeit.

In diesem Zusammenhang stehen auch Jesu Worte über den „Mammon" und das Schätzesammeln (Mt 6,19ff). Menschen befinden sich leicht in einem Teufelskreis: Je ärmer sie sich spirituell fühlen, desto mehr werden sie oft materiellen Besitz suchen. Je mehr materiellen Besitz sie haben, desto größer ist die Gefahr, dass dieser die Wahrnehmung „himmlischer Schätze" verhindert. Man denke an die Geschichte vom reichen Jüngling, der traurig von Jesus fort ging, weil er an einem zentralen Punkt nicht fähig war zur Hingabe (Mk 10,17ff). Jesus würde die Ursachen für den bei uns wuchernden Kapitalismus vermutlich so deuten, dass uns der Sinn für die göttliche Fülle noch nicht aufgegangen ist. Wie umgekehrt aus starker Verbundenheit mit Gott eine Freiheit im Materiellen erwachsen kann, beschreibt Paulus später so: „Ich habe gelernt, mit genügen zu lassen, wie's mir auch geht. Ich kann niedrig sein und kann hoch sein; mir ist alles und jedes vertraut: beides, satt sein und hungern, beides, Überfluss haben und Mangel leiden; ich vermag alles durch den, der mich mächtig macht" (Phil 4,12f).

2. Thema: Trennung – Verbundenheit

Dieser Themenbereich steht dem religiösen Verständnis von Sünde nahe, insofern es hier um die Distanz zu Gott geht. Am Beginn der Verkündigung Jesu steht: „Das Reich Gottes ist *nahe* gekommen" (Mk 1,15). Wenn er damit den Aufruf verbindet: „Tut Buße!", so ist das in diesem Zusammenhang offenbar keine Aufforderung zu Reue und Schuldbekenntnis, sondern zur Umkehr aus der Trennung von Gott in seine Nähe. Das geschieht durch Änderung des Bewusstseins. Es ist auffallend, dass Jesus den von Gott Distanzierten nicht mit einer Vorwurfshaltung begegnet. Bei ihm steht vielmehr im Mittelpunkt, dass Menschen die Entfremdung von Gott erleiden, nicht dass sie sich vor ihm schuldig machen. In extremer Situation erleidet er selbst die Gottesferne und gibt ihr, am Kreuz hängend, mit den Worten des 22. Psalms Ausdruck: „Mein Gott, mein Gott, warum hast du mich verlassen?“

Das Wirken Jesu besteht weithin darin, Menschen in die Gemeinschaft mit Gott zurückzuführen, etwa im Kontakt mit den von der Gesellschaft Ausgestoßenen, besonders in der Tischgemeinschaft mit ihnen; dann durch Heilungen, denn nach damaliger Auffassung war Krankheit Gottesstrafe und konnte aus der Gemeinschaft der Frommen ausschließen. Am stärksten drücken wohl Jesu Gleichnisse vom Suchen des Verlorenen den göttlichen Willen zur Gemeinschaft aus: die Gleichnisse vom verlorenen Schaf, vom verlorenen Groschen und vom verlorenen Sohn (Lk 15). Immer steht dabei die Freude über die wieder hergestellte Verbindung im Vordergrund.

Im Vaterunser klingt das Thema in der 2. Bitte an: „Dein Reich komme.“ Und dann ist natürlich daran zu denken, dass Jesus die Liebe, die ja stärkster Ausdruck von Verbundenheit ist, zum höchsten Wert erklärt und bis zur Feindesliebe erweitert. – Paulus spricht von der unzerstörbaren Gottesliebe später in einem Hymnus: „Ich bin gewiss, dass weder Tod noch Leben...uns scheiden können von der Liebe Gottes, die in Christus Jesus ist, unserm Herrn“ (aus Rö 8,31-39).

3. Thema: Niedrigkeit – göttliche Herrlichkeit

Als Wesensmerkmal Gottes wird immer wieder die „Kabod“ (im Alten Testament) bzw. die „Doxa“ (im Neuen Testament) herausgestellt: Herrlichkeit, Glanz, Pracht, Ehre, Erhabenheit, Heiligkeit. Demgegenüber leiden Menschen vielfältig unter mangelnder Geltung und schwachem Selbstvertrauen, unter Gefühlen von Kümmerlichkeit und Minderwertigkeit, unter fehlendem Ansehen oder zu geringer Beliebtheit. Entsprechend stark ist das menschliche Bemühen, den eigenen Status zu verbessern – manchmal peinlich krampfhaft, manchmal skrupellos durch Machtausübung oder Gewalt.

Die Evangelien zeigen Jesus exemplarisch in diesem Spannungsfeld, sowohl im Erleiden von Niedrigkeit wie auch in ihrer Überwindung. Am Beginn seines Wirkens steht die Geschichte von seiner Versuchung (Mt 4). Wie wird er seine Gaben nutzen: für sich oder im Dienste Gottes? Der Satan bietet ihm unter anderem „alle Reiche der Welt und ihre Herrlichkeit“. Als Jesus verzichtet, wird er auf andere Weise zum Gewinner: „Da traten Engel zu ihm und dienten ihm.“ Sein höchster Ehrentitel ist „Sohn Gottes“. Und wie die Weihnachtsgeschichte in Lukas 2 zeigt, wird dieser durch seine Geburt im Stall, also in Niedrigkeit, nicht in Frage gestellt; ebenso nicht durch seinen Tod wie den eines Kriminellen. Im Gegenteil: Daraus folgt die Auferstehung, die auch als „Erhöhung“ gedeutet wird (so im Johannesevangelium).

Wo Menschen Chancengleichheit verhindern, sorgt Gott für Ausgleich: „Er stößt die Mächtigen vom Stuhl und erhebt die Niedrigen“ (aus dem Lobgesang der Maria in Lk 1). Eine Beispielgeschichte dazu ist Jesu Erzählung vom reichen Mann und armen Lazarus, der am Ende erhoben wird – er sitzt in Abrahams Schoß (Lk 16,19ff). Was wahre Größe ist, zeigt Jesus bei einem Rangstreit seiner Jünger. Er stellt ein Kind in die Mitte und erklärt: „Wenn ihr nicht umkehrt und werdet wie die Kinder, werdet ihr nicht in das Himmelreich hineingehen“ (Mt 18,1ff). Der den Menschen von Gott verliehene Status ist mehr als ein erworbener.

Mehrfach wird über Jesus berichtet, dass er seine Aufgabe darin sieht, andern zu dienen. Und offenbar hat er keine Berührungsängste dabei, so dass seine Jünger schon mit Befremden gefragt werden: „Warum isst euer Meister mit Zöllnern und Sündern?“ (Mt 9,11). Kritisch sieht er Menschen, die sich auf Kosten anderer nach oben arbeiten: die bei Tisch obenan sitzen wollen, die sich mit Ehrentiteln schmücken (Mt 23,1ff) oder die Völker mit Gewalt beherrschen (Mt 20,20ff). Für sie gilt: „Der Größere von euch sei euer Diener. Denn wer sich selbst erhöht, der wird erniedrigt; und wer sich selbst erniedrigt, wird erhöht“ (Mt 23,11f).

Dieses Wort ist z.T. missverstanden worden und hat mit dazu geführt, dass kirchliche Verkündigung die Menschen oft klein, ja auch unglücklich machte: Es verführte sie, sich selbst als schlecht und minderwertig einzuschätzen. Besonders der Protestantismus hat hier ein unseliges Erbe: je mehr Sünder-Gefühl, desto besser – so schien es. Das widerspricht der Intention Jesu und seinem Menschenbild. Im Zusammenhang heißt „sich erniedrigen“ dienen, also nicht: sich klein machen, sondern: dem andern die eigenen Stärken und Gaben zur Verfügung stellen – wie es Liebende automatisch tun. Ohne Krampf dienen kann jemand, der selber satt geworden ist, der nicht mehr vom Lebenshunger des Egos beherrscht wird. Sich erhöhen führt zu Distanz und Trennung unter Menschen; dienen ist Ausdruck von Verbundenheit im wechselseitigen Austausch von Talenten.

Für Jesus haben Menschen von ihrem gottgegebenen Wesen her eine unzerstörbare Würde und Größe, weil sie mit Gott verwandt sind, ihm verbunden als seine Töchter und Söhne, die ihn vertrauensvoll mit „Unser Vater“ anreden dürfen. Jesus nimmt also den Titel „Sohn Gottes“ nicht exklusiv für sich in Anspruch, sondern durch sein Wirken sollen Menschen begreifen, dass auch sie Kinder Gottes sind. Der johanneische Christus drückt es so aus: „Ich habe ihnen die Herrlichkeit gegeben, die du mir gegeben hast, damit sie eins seien, wie wir eins sind, ich in ihnen und du in mir, damit sie vollkommen eins seien und die Welt erkennt, dass du mich gesandt hast und sie liebst, wie du mich liebst“ (Joh 17,22f).

In menschlichen Verhältnissen mag es immer wieder einmal unumgänglich erscheinen, sich klein zu fühlen oder Statusunterschiede aufzurichten. Aus der Sicht Jesu ist das unnötig, und wir werden damit unserm wahren Wesen nicht gerecht.

4. Thema: Schuld – Versöhnung

Hier geht es um den moralischen Aspekt von „Sünde“ – in der Beziehung zu Gott ist das offenbar kein Problem. Schon in einem alttestamentlichen Psalm heißt es von ihm: „...der dir alle deine Sünde vergibt“ (103,3). Oder denken wir an das Gleichnis vom verlorenen Sohn (Lk 15,11ff): Der Vater geht über das (sorgsam überlegte!) Schuldbekenntnis des heimkehrenden Sohns einfach hinweg, als sei das für ihn kein Thema. Auch dem missgünstigen älteren Sohn gegenüber kein Wort des Vorwurfs vom Vater. Freilich werden ihm auch Verdienste nicht angerechnet – es gilt nur die Einladung, an der Freude teilzuhaben. Wieder ein Beispiel für die Vorstellung Jesu, als ob Gott nicht interessiert ist an Gut und Böse, weder an Verschulden noch an guten Werken.

Das sieht unter Menschen ganz anders aus. Fast unvermeidlich erwartet unser Ego Anerkennung oder Belohnung für Wohlverhalten, besonders wenn es anstrengend war. Das drückt sich auch in der häufigen Klage aus: „Warum lässt Gott das zu, wo ich doch nichts Böses getan habe (oder: mich immer bemüht habe, gut zu sein)?“

Noch unvermeidlicher ist es, dass wir uns manchmal schuldig fühlen und nach irdischen Maßstäben auch wirklich Schuld auf uns laden. Wir brauchen ja offenbar Regeln, Gebote und Gesetze, um dem Ego Grenzen zu setzen und dadurch uns selbst und andere zu schützen. Dabei werden wir oft nicht fähig sein, diese Normen einzuhalten. Und wir haben eine Gewissensinstanz mitbekommen, die uns die Differenz zwischen der jeweiligen Norm und unserm Verhalten bewusst macht. Sie kann uns mit Schuldgefühlen belasten, mit Scham quälen, unser Selbstwertgefühl zerstören und uns im Extrem dahin bringen, dass wir uns selbst das Lebensrecht absprechen.

Es gibt auf menschlicher Ebene verschiedene Möglichkeiten, sich davon zu befreien: z.B. durch Entschuldigung und Bitte um Verzeihung, durch Wiedergutmachung, durch Sühne und Annahme von Strafe. Und es gibt den religiösen Weg; in der Kirche den Ritus der Beichte mit Schuldbekenntnis, Reue und Absolution, der aber anscheinend für immer weniger Menschen überzeugend ist.

Der Weg zur Befreiung, den Jesus aufzeigt, scheint mir damit nicht identisch. Für ihn ist Schuld bei Gott offenbar immer schon vergeben. Aber wie kann dieses „Evangelium" beim Menschen ankommen und ihn zu innerem Frieden führen? Einen Weg zeigt Jesus in der 5. Bitte des Vaterunsers: „Vergib uns unsere Schuld, wie auch wir vergeben unsern Schuldigern." Also: Indem wir andern verzeihen, wird für uns selbst und in uns die Befreiung von Schuld Wirklichkeit.

Jesus illustriert den umgekehrten Weg im Gleichnis vom unbarmherzigen Schuldner (Mt 18,21ff). Dessen Verhalten ist offensichtlich absurd: Von seinem König wird ihm eine hohe, unbezahlbare Schuld erlassen. Später malträtiert er erbarmungslos einen Knecht, der ihm eine weit geringere Summe schuldet – und damit verliert er die Vergebung. Also: Wenn wir andern nicht verzeihen, stellen wir uns außerhalb der umfassenden Akzeptanz, die im Gottesreich gilt. Wir sind dann den irdischen Normen ausgeliefert und können auch uns selbst nicht verzeihen, sondern leiden weiter unter der Last des schlechten Gewissens. Dagegen der Weg Jesu: Verzeih andern, und du bist frei.

Man kann den ganzen Komplex von Norm, Schuld und Vergebung, wie er sich in der Dimension des Gottesreiches darstellt, auch vom Begriff der Liebe her aufschlüsseln. Paulus versteht Jesus so: „Das ganze Gesetz ist in einem Wort erfüllt: Liebe deinen Nächsten wie dich selbst" (Gal 5,14). In der Sphäre der göttlichen Liebe ist dem anklagenden Gesetz der Boden entzogen. Ein Beispiel gibt die wunderbare Geschichte von der Salbung Jesu (Lk 7,36ff): Eine Frau, die als Sünderin bekannt ist, kommt zu Jesus und salbt ihm zärtlich seine Füße. In ihrer Liebe zu ihm erlebt sie das wohl als misslungen empfundene Leben neu: Aus Abwehr oder Schuldgefühl wird eine weiche und warme Traurigkeit, die in ihren Tränen Ausdruck findet. Als Jesus sagt, dass ihr ihre Sünden vergeben sind, muss er das kaum für sie aussprechen, wohl nur für die anwesenden Pharisäer, die noch auf der Ebene des unbarmherzigen Gesetzesdenkens sind. – In einer hingebungsvollen Liebe zu Gott werden Menschen von den irdischen Lasten der Schuld erlöst.

5. Thema: Schwachheit und Tod – Macht und neues Leben

In diesem Themenbereich geht es um den energetischen Aspekt im Wirken Jesu, um den Glauben, dass der göttlichen Macht keine Grenzen gesetzt sind. Viele Heilungsgeschichten zeigen Jesu erstaunliche Kraft. Hier nur einige Beispiele aus dem Markusevangelium: Heilung eines Aussätzigen (1,40ff), eines Taubstummen (7,31ff), eines Blinden (8,22ff), eines epileptischen Knaben (9,14ff). In Lk 6,19 wird zusammengefasst: „Alles Volk versuchte ihn anzurühren; denn es ging eine Kraft von ihm aus, und er heilte sie alle." Eine Frau, die unter Blutungen leidet, versucht heimlich, Heilung zu erlangen, indem sie nur seine Kleidung berührt – mit Erfolg: „ Und Jesus spürte sogleich an sich selbst, dass eine Kraft von ihm ausgegangen war" (Mk 5,30).

Mag auch die eine oder andere Wundergeschichte später hinzugefügt worden sein: Der Grundtenor der Überlieferung bezeugt bei Jesus außergewöhnliche Energien. Auch in anderer Hinsicht übrigens: „Er lehrte sie mit Vollmacht und nicht wie die Schriftgelehrten" (Mt 7,29). Außerdem werden Naturwunder berichtet: eine Sturmstillung (Mk 4,35ff), das Gehen übers Wasser (Mt 14,22ff), die Speisung der 5000 (Mt 14,13ff). Dass man Jesus zugetraut hat, auch den sonst stärksten Mächten überlegen zu sein, zeigen die Erzählungen von Dämonenaustreibungen (z.B. Mk 1,23ff) und von Totenauferweckungen (z.B. Lk 7,11ff). Viele dieser Geschichten sind wohl zu Recht verstanden worden als Zeichen dafür, dass in diesen Machterweisen das Reich Gottes gegenwärtig ist, dass der Himmel hier ist und nicht im Jenseits.

Wundertäter hat es damals sicher auch sonst gegeben. Für Jesus ist kennzeichnend, dass er sich nicht selbst in den Mittelpunkt stellt und seine Macht nicht für Gewinn oder eigene Überlegenheit nutzt, sondern im Gegenteil verdeutlichen will, dass solche Kraft allgemein Menschen zur Verfügung steht – und zwar durch den Glauben, durch eine hingebungsvolle Verbundenheit mit Gott: „Wenn ihr Glauben habt und nicht zweifelt,...wenn ihr zu diesem Berg sagt: Hebe dich weg und stürze dich ins Meer, so wird es geschehen" (Mt 21,21).

In diesen Zusammenhang gehört sein häufiger Ausspruch: „Dein Glaube hat dir geholfen" – so als ob nicht Jesus eine Heilung vollbracht habe, sondern der Kranke selbst durch seinen Glauben, den Jesus (nur) hat wecken können. In Lukas 10 wird erzählt, wie Jesus 72 Jünger losschickt, damit auch sie Kranke heilen – und wirklich: „Die 72 kamen zurück voll Freude und sprachen: Herr, selbst die Dämonen sind uns untertan in deinem Namen."

In dieser Hinsicht sind unsere Kirchen sehr vorsichtig geworden – aus Angst, es könne nicht „funktionieren“? Oder in (nicht unbegründeter) Abwehr von Scharlatanerie? Aus der Befürchtung, gelungene Geistheilungen könnten zu Hochmut verführen? Aus schamhaftem Bemühen um Anerkennung durch die Schulmedizin? Oder aus Angst vor der eigenen Macht? Trotz alledem ist es bedauerlich, dass dieser energetische Aspekt in der Verkündigung Jesu bei uns weithin untergegangen ist (im Gegensatz zu den auch deswegen erstaunlich erfolgreichen Pfingstkirchen).

Der göttliche Machterweis kulminiert in der Auferweckung Jesu von den Toten – beispielhaft für den Weg aller Menschen in ein neues Leben. Es ist dieselbe Macht Gottes, die im Leben wie angesichts des Sterbens menschliche Ohnmachtgefühle und Angst vertreiben kann.

6. Thema: Verblendung – Wahrheit

Dieser Themenbereich nimmt in den Evangelien einen breiten Raum ein. Er hat verschiedene Aspekte, die teilweise schon zur Sprache gekommen sind. Es geht dabei immer um eine andere, um eine neue Weltsicht: „Die Zeit ist erfüllt, und das Reich Gottes ist nahe gekommen“ (Mk 1,15). Damit gelten dann andere Voraussetzungen, andere Werte als die üblichen innerweltlichen. Hier tritt Jesus in Erscheinung als der Offenbarer der göttlichen Welt und der Wahrheit, die in Wirklichkeit alles Leben bestimmt.

Eine traditionelle Sicht macht das Gottesreich zu einem räumlich oder zeitlich fernen Jenseits: Es werde kommen am Ende aller Tage, mit ihm der lange erwartete Messias. Bei Jesus ist es jetzt da. Auf die Frage der Pharisäer: „Wann kommt das Reich Gottes?“ antwortet er: „Das Reich Gottes kommt nicht so, dass man’s beobachten kann; man wird auch nicht sagen: Sieh, hier ist es! oder: Da ist es! Denn sieh, das Reich Gottes ist innen in euch“ (oder nach einer anderen möglichen Übersetzung: „Das Reich Gottes ist mitten unter euch“, Lk 17,20f). Und in einer Predigt in Nazareth (Lk 4,14ff) zitiert Jesus in der Synagoge Worte der Verheißung aus Jesaja 61 und schließt: „Heute ist dieses Wort der Schrift erfüllt vor euren Augen.“

Auf diesem Hintergrund erübrigen sich auch die Fragen im Hinblick auf die scheinbar unrealistischen Seligpreisungen (Mt 5,3ff): Gelten sie erst nach dem Tod? Oder am Ende der Welt? Oder sind sie nur für die Jünger gedacht? Aus Jesu Sicht sind sie unmittelbar jetzt gültig und erfahrbar – und zwar für alle Menschen, die in ihrem Bewusstsein in der Sphäre des Reiches Gottes sind. Martin Luther hat diesen Sachverhalt einmal so ausgedrückt: „Glaubst du, so hast du. Glaubst du nicht, so hast du nicht.“

Schon die Urgemeinde ist offenbar nicht damit zurechtgekommen, dass etwas so Machtvolles wie das Gottesreich sich nicht allenthalben sichtbar durchsetzte. Sie schwenkte wieder ein in das alte Gleis der jüdischen Apokalyptik und Messiaserwartung – nun in etwas veränderter Form: Wenn Jesus *wieder*komme, dann erfülle es sich richtig. Die Kirche ist dem in ihrem Hauptstrom gefolgt. Das Erbe Jesu bewahrt hat wohl am stärksten die Mystik – und sie hatte es weithin nicht leicht in der Kirche.

Wenn die Wirklichkeit des Himmels auf Erden gegenwärtig ist, ergeben sich andere Sichtweisen und Maßstäbe, als sie sonst unter Menschen üblich sind, andere auch als die 10 Gebote. Sie finden sich teilweise programmatisch in der Bergpredigt, z.B. im Gebot der Feindesliebe (Mt 5,43ff), in der vertrauensvollen, distanzlosen Anrede an Gott als „unser Vater" (6,9), in der Aufforderung „Sorget nicht!" (6,25ff), „Richtet nicht!" (7,1ff); später darin, wie Jesus seiner Mutter und seinen Geschwistern in befremdlicher Weise gegenübertritt und die üblichen familiären Bindungen relativiert (12,46ff); wie er die Kinder zum Vorbild für Erwachsene macht (Mk 10,13ff); wie er – am Beispiel des 3. Gebotes – frei mit Gesetzen umgeht: „Der Sabbat ist um des Menschen willen gemacht und nicht der Mensch um des Sabbats willen" (Mk 2,23ff).

Jesu Art, die göttliche Wirklichkeit zu offenbaren, ist häufig die, dass er Gleichnisse erzählt, oft mit Beispielen aus der Natur oder dem alltäglichen Leben. Er zeigt damit Analogien in der Welt auf und bringt zum Ausdruck, dass die Sichtweise des Reiches Gottes auch eine natürliche, menschlich nahe liegende ist (Gleichnissammlungen etwa in Matthäus 13 und Lukas 15).

Weil seine Lehre als neu empfunden wird, löst er Widerstand aus, tragischer und bezeichnender Weise vor allem bei denen, die sich für fromm halten. Sie erweisen sich in ihrer Orthodoxie als verschlossen und verhärtet. So treten denn Pharisäer, Schriftgelehrte und Hohepriester immer wieder als seine Gegner in Erscheinung. Ihnen gegenüber ficht Jesus z.T. aggressiv und unduldsam für die neue Wirklichkeit, da jene aus seiner Sicht im Namen Gottes die göttliche Wahrheit verfälschen. Sie trifft der schärfste Vorwurf, den er ausspricht: der Vorwurf der Heuchelei.

Die christlichen Kirchen haben sich gegenüber der aus menschlicher Sicht schwierigen Wahrheit Jesu immer wieder merkwürdig resistent verhalten. Dostojewski hat dem in der Gestalt des Großinquisitors ein eindrückliches Denkmal gesetzt: Der kann trotz besserer Einsicht nicht anders, als Jesus erneut dem Tod auszuliefern.

7. Thema: Abhängigkeit – Freiheit

Es gehört fast unvermeidlich zum Menschen, dass er sich abhängig fühlt, vor allem von den vorgegebenen Lebensumständen. Unsere Existenz scheint jeweils grundverschieden, ob wir z.B. in Reichtum oder Armut leben, Gesundheit oder Hinfälligkeit, in liebevollen Beziehungen oder isoliert von anderen, mit Intelligenz oder mit Minderbegabung ausgestattet, durch ein friedevolles Elternhaus begünstigt oder in Chaos und Hass aufgewachsen. Es liegt nahe zu sagen: „Wenn ich auf der sonnigen Seite des Lebens wäre, dann wäre ich glücklich und zufrieden!“ Entsprechend sind Menschen unermüdlich bemüht, das Glück zu verbessern – mit enormen äußeren Erfolgen, aber auch bedenklichen Pannen (Stichwort Klimawandel).

Jesus wagt es, all solche Abhängigkeiten zu ignorieren, am deutlichsten in den deshalb so befremdlichen Seligpreisungen (Mt 5): Selig sind, die (geistlich) arm sind,...die Leid tragen,...die hungert und dürstet usw. Er hätte die Liste fortsetzen können, immer mit dem Tenor: Ihr habt allen Grund, mit Freude zu leben, auch in äußerlich schwierigen Lebensumständen. Dafür gibt es ja durchaus auch heute Bestätigungen: Afrikanische Menschen sind auch in großer Armut oft erstaunlich fröhlich; ebenso Schwerkranke, wenn es ihnen gelingt, ihre Krankheit oder begrenzte Lebenserwartung zu akzeptieren. Auch die schlichte Volksweisheit „Geld allein macht nicht glücklich“ gibt diese Erfahrung wieder.

Das alles wird unser Ego nie begreifen. Es kann nur geängstet sein von Leiden, Mangel und Sorgen und setzt daher alles in Bewegung, um die *äußeren* Faktoren zu optimieren. Für Jesus sind die *inneren* Prozesse ausschlaggebend: etwa ob wir bei einem ungewollten Geschick sagen können „Dein Wille geschehe“ und es bejahen. Auf unerwartete Weise kann sich dadurch das Lebensgefühl verändern. Immer ist es dabei hilfreich, wenn wir uns mit Gott verbunden fühlen. Gesangbuchlieder geben diese Erfahrung vielfältig wieder, z.B. „In dir ist Freude in allem Leide.“

Im Glauben steckt ein erstaunliches Potential zur Befreiung. Dass das auch in anderer Hinsicht gilt, mögen ein paar weitere Beispiele aus dem Wirken Jesu verdeutlichen: Er ist überzeugt, dass großer Besitz (der Mammon) eher einengt als Lebensfülle bringt. Für ihn gilt: „Sorgt nicht für morgen, denn der morgige Tag wird für das Seine sorgen“ (Mt 6,34). Das bedeutet im Umgang mit der materiellen Welt Freiheit von Angst und von Gier.

Des weiteren verkündet Jesus Freiheit von den Zwängen der Gebote und Normen. Das findet sich u.a. in der Geschichte vom Ährenraufen am Sabbat (Mk 2,23ff), wo Jesus es in Ordnung findet, dass seine Jünger gegen das 3. Gebot verstoßen. „Der Menschensohn ist ein Herr auch über den Sabbat" (und nicht nur der Menschensohn Jesus). Von innen heraus, geleitet von der Liebe, sollen Menschen handeln. Wie viel Freiheit Gott seinen Kindern zugesteht, wird im Gleichnis vom verlorenen Sohn an der Gestalt des Vaters deutlich: Als sein Jüngster vorzeitig sein Erbteil fordert, zögert der Vater nicht, es ihm zu geben. Er riskiert, dass der das Vermögen verschleudert, entlässt ihn ohne Ermahnungen und Bedingungen (Lk 15). Entsprechend können ja auch heute Menschen in der Regel machen, was sie wollen – nicht immer zum Guten. Aber Gott lässt Freiheit. Wir können weithin selbst entscheiden, welche Erfahrungen wir machen wollen und welche Konsequenzen wir ertragen wollen.

Beim Thema Freiheit ist schließlich auch daran zu denken, dass die Menschen, die Jesus von Aussatz, Blindheit oder Dämonie geheilt hat, das gewiss als Befreiung erlebt haben. Ebenso die verfemten „Sünder", die er von Scham und Ausgrenzung befreit hat. Aus all dem wird verständlich, dass Jesus später als „Erlöser" bezeichnet wurde. Paulus fasst in Kürze zusammen: „Wo der Geist des Herrn ist, da ist Freiheit" (2. Kor 3,17).

Notwendige Veränderungen

Sieben in der Verkündigung Jesu wiederkehrende Themen – und vielleicht gibt es noch mehr. Durch das einseitige und missverständliche Insistieren auf dem Thema Sünde hat die Kirche viel Schaden angerichtet. Es ist gar nicht auszudenken, wie vielfältig die Gewissen der Menschen über Jahrhunderte hin unnötig belastet und gequält wurden, statt befreit zu werden. Und wie oft wurden durch die Predigt vom drohenden, zürnenden, strafenden, verdammenden Gott Angst und Gottesentfremdung gefördert statt liebevoller Nähe und Vertrauen! Wie tief wurden Menschen in ihrem eigenen Priestersein verunsichert und in klerikale Abhängigkeit gezwungen! Denn die Kirche predigte weithin Normen – die Menschen verstießen unvermeidlich dagegen und suchten (geängstet durch Strafandrohung) Vergebung – die Priester aber hatten das Monopol der erlösenden Sakramente. Und nicht selten missbrauchten sie die damit gegebene Macht.

Es ist an der Zeit, sich aus der Gefangenschaft des Sündenthemas zu befreien und sich auch stärker bewusst zu machen, wie vielfältig die Verkündigung Jesu war. Damit ist auch die Chance gegeben, dass Menschen unserer Zeit sich und ihre Alltagswirklichkeit häufiger und treffender darin wiederfinden.

Man mag zwei große Themen bisher vermisst haben: den Glauben und die Liebe. Sie sind deshalb nicht gesondert thematisiert worden, weil sie zentral in allen anderen enthalten sind: Die göttlichen Liebe bringt das, was Gott den Menschen zugedacht hat, zu den Menschen. Im Glauben wiederum haben Menschen die Chance, das was göttlich ist, für sich zu erschließen.

Wie aber konnte es dazu kommen, dass das Sündenthema zum absolut dominanten Paradigma der Kirche wurde?

2. Religion ist nicht Moral – die mosaische Gesetzlichkeit überwinden

Vielleicht sind Sie befremdet, wenn Sie meine Hauptthese lesen: Christentum und Judentum müssen deutlicher unterschieden werden, als das in der Kirche normalerweise geschieht.

Genauer gesagt: Ich gehe davon aus, dass sich zwei Linien durch die Bibel ziehen. Es gibt eine Jesus-Linie sowohl im Alten wie im Neuen Testament. Und es gibt eine Mose-Linie, auch sowohl im Alten wie im Neuen Testament. Die beiden zu vermischen, tut unserm Glauben nicht gut. Übrigens ist das Thema nicht neu. Schon Paulus hat sich intensiv damit auseinandergesetzt, besonders im Römerbrief.

Dennoch ahne und befürchte ich, dass manche, die das lesen, mit starken Bedenken reagieren. Aus gutem Grund haben ja Kirchen in den letzten Jahrzehnten das Gemeinsame und Verbindende von Christentum und Judentum herausgestellt. Denn viele Jahrhunderte hat Kirche ihre Überlegenheit über das Judentum proklamiert und Juden missioniert. Und sie hat damit beigetragen zu der Ausgrenzung und Verfolgung jüdischer Mitbürger, die im Holocaust gipfelte.

Nach so viel entsetzlicher Geschichte bedarf es großer Behutsamkeit, sich diesem Thema zu nähern, und weitere Versöhnungsarbeit ist nötig. Es geht hier keineswegs um Abwertung des Judentums oder – wie bei Marcion oder den Deutschen Christen – um eine Verwerfung des Alten Testaments. Es bleibt ein kostbarer Schatz mit seinen Geschichten voller Gotteserfahrung, seinen Psalmen, seinen Prophetenworten, und es soll seinen Platz in der Kirche behalten. Wir finden Jesus auch im Alten Testament. Und wir finden Mose im Neuen Testament.

Aber in der Theologie schleppen wir manche längst erledigten Konflikte aus der frühen Zeit des Christentums oder aus der Reformationszeit mit uns herum – Altlasten, die die Kirche gefangen nehmen und uns im Glauben behindern. Darum scheint es mir an der Zeit, den Unterschied zwischen Mose und Jesus genauer zu betrachten. Dabei meint „Mose“ hier nicht die historische Gestalt. Vielmehr steht er im Sinne der Denkstruktur der Typologie für eine bestimmte Tradition – wie bei Paulus. Ich werde später nachzuweisen versuchen, dass in diesem Ansatz auch die Chance liegt, die Beziehung zwischen Christen in Deutschland und Juden zu verbessern.

Die mosaische Linie

Der Typus Mose ist Symbol für das Gesetz. Konstitutiv ist die Sinai-Geschichte (2. Mose 20), wo Mose von Gott die beiden Tafeln mit den 10 Geboten empfängt – zur Ordnung des Lebens und gleichzeitig als Vertragsbedingung des Bundes, den Gott mit seinem Volk Israel geschlossen hat. Gott offenbart sich hier als Partner und als Gesetzgeber. In der bald folgenden Geschichte vom Goldenen Kalb wird die harte Seite dieses Gottes sichtbar: Weil Israel ihm untreu geworden ist, entbrennt sein Zorn, und Tausende werden mit dem Tod bestraft (2. Mose 32).

In der Folgezeit zieht sich das wie ein roter Faden durch die Geschichte Israels mit seinem Gott: Ungehorsam, Gottes Zorn, seine Strafe – und Neubeginn, wenn Israel Buße tut. Um das Volk immer besser auf den Willen Gottes einzustimmen, entstehen ständig neue Gebote. 613 sind es schließlich. Dazu kommen außerbiblische Auslegungen ohne Zahl.

Auf diesen Zusammenhang gesehen ist das Judentum eine Gesetzesreligion. Einfühlsam beschreibt Peter L. Berger das Judentum, wie es sich in späterer Zeit darstellt: „Andere religiöse Traditionen haben wohl auch dem Gesetz große Bedeutung zugeschrieben – der Katholizismus mit der Entwicklung der scholastischen Kasuistik, der Islam mit seinen verschiedenen Rechtsschulen, welche die Scharia interpretieren. Doch ist es wohl nicht falsch, wenn man sagt, dass das Judentum unter den Weltreligionen einzig dasteht, was die überragende Bedeutung betrifft, welche es dem Gesetzesdenken zumisst, den endlosen intellektuellen Anstrengungen, die Forderungen der Halacha zu begreifen und zu differenzieren. Christliche Autoren haben dies oft als einen trockenen, dürren Legalismus verstanden und die religiöse Leidenschaft überhört, die in all diesen Disputen mitschwingt – eine Leidenschaft, die der hingebungsvollen Entschlossenheit entspringt, den Willen Gottes in sämtlichen Bereichen menschlicher Existenz zu erkennen und zu befolgen. Trotzdem bleibt natürlich das rabbinische Judentum vor allem eine Religion des Gesetzes.“ [3]

Man muss sich dabei vergegenwärtigen, dass das Wort „Gesetz“ (Tora) für den Juden einen ganz anderen Klang hat als etwa für einen Protestanten, der – im Sinne von Paulus und Luther – an die Unerfüllbarkeit der Gebote denkt und an die entsprechende Gewissensbelastung. Ein Jude kann sich gerade mit Hilfe der Tora im Einklang mit dem Willen Gottes fühlen, als ein „Gerechter“, der – wie das Psalm 1 beschreibt – „Lust hat am Gesetz des Herrn,“ der ist „wie ein Baum, gepflanzt an den Wasserbächen, der seine Frucht bringt zu seiner Zeit, und seine Blätter verwelken nicht. Und was er macht, das gerät wohl.“

Jesus ist offenbar aber auch den Schattenseiten der Gesetzestreuen begegnet und ist ihnen scharf entgegengetreten. Davon zeugen seine häufigen Auseinandersetzungen mit den Pharisäern und Schriftgelehrten, die er als selbstgerecht, überheblich und heuchlerisch darstellt, wo sie selber nur formal, um des frommen Scheins willen die Gesetze halten, dabei aber die ausgrenzen, die offen das Gesetz übertreten. Es wäre unfair, hierbei alle Gesetzestreuen über einen Kamm zu scheren, aber der Pharisäer ist zu einem Typus geworden, der für alle, die sich intensiv um gutes Tun bemühen, eine Warnung darstellt (damals wie heute). Besonders spricht Jesus dies in seinem Gleichnis vom Pharisäer und Zöllner an, wo der unmoralische, aber demütige Zöllner dem Willen Gottes letztlich mehr entspricht als der sehr bemühte, aber hochmütige Pharisäer (Lk 18,9f).

Die jesuanische Linie

Es wäre grundfalsch, Jesus nur im Gegensatz zum Alten Testament zu sehen. Als Jude ist er in dessen Tradition aufgewachsen, und vielfach wurzelt er mit seiner Verkündigung darin. Neben der mosaischen Linie gibt es eben auch im Alten Testament eine Linie, die von Jesus in besonderem Maße aufgegriffen wird: Sie zeigt Gott als den, der Sünde vergibt, der fürsorglich ist, der befreit, der segnet, der den Menschen trotz aller Dissonanzen die Treue hält. Weil Jesus besonders in dieser Tradition wurzelt, spreche ich hier von der jesuanischen Linie im Alten Testament. Ich kann nicht beurteilen, ob alles, was Jesus vertreten hat, schon im Alten Testament vorkommt, wie z.B. Pinchas Lapide versucht hat nachzuweisen. [4] Sicher scheint mir aber, dass Jesus etwas Eigenes schafft, indem er auswählt und starke Akzente setzt.

Manchen wird sich die Frage aufdrängen: Ist die Unterscheidung von zwei Linien überhaupt sinnvoll? Geht es nicht um denselben Gott? Verbindet nicht ein Jude ganz selbstverständlich beide Linien in seiner Religion zu einem guten Gottesglauben?

Für Christen finde ich es notwendig, die beiden Linien zu unterscheiden, wie Jesus es getan hat. Bei ihm gibt es die mosaische Linie nicht! Das bedeutet: Gott ist für ihn nicht Gesetzgeber, nicht Richter, nicht Strafender. Man könnte mir einige neutestamentliche Stellen entgegenhalten, die dem widersprechen (z.B. apokalyptische). Aber die historisch-kritische Erforschung der Bibel hat uns die Augen dafür geöffnet, dass das Neue Testament, wie wir es vorfinden, entstanden ist in einem Prozess von Sammlung älterer Texte, von Umformung, von Zusätzen und anderen Veränderungen. Das gilt gerade auch für die Evangelien. Ein ziemlich authentisches Jesusbild können wir trotzdem aus ihnen erschließen, wenn wir uns an den wiederkehrenden Aussagen, Themen und entsprechenden Geschichten orientieren, an solchen, die wie Puzzlesteine zusammenpassen und ein in sich stimmiges Bild ergeben. [5]

Dafür, dass Jesus Gott anders sieht als Mose, gibt es zahlreiche Hinweise: wenn er etwa über Gott sagt: „Er ist gütig gegen die Undankbaren und Bösen" (Lk 6,35). Oder man denke an die Gestalt des Vaters im Gleichnis vom verlorenen Sohn – darin ist ein anderer als der gerechte Gott des Mose dargestellt. Ja, es scheint, dass dieser Gott überhaupt nicht wertet. Und Entsprechendes ist nach Jesus auch von den Menschen zu erwarten: „Ich aber sage euch, dass ihr euch dem Bösen nicht widersetzen sollt" (Mt 5,39). Oder: „Richtet nicht, damit ihr nicht gerichtet werdet" (Mt 7,1). [6]

Damit wird auch verständlich, warum die Sünde bei Jesus keine große Rolle spielt – im Gegensatz zu der mosaischen Linie. Nur in zwei Geschichten ist ausdrücklich von Sündenvergebung die Rede (Mk 2 und Lk 7). Bezeichnender Weise sagt Jesus dort: „Deine Sünden *sind* dir vergeben," nämlich: Bei Gott bist du längst frei davon. In zwei Gleichnissen [7] und im Vaterunser kommt zum Ausdruck, dass nicht ein Akt der priesterlichen Absolution die Befreiung wirksam werden lässt, sondern die Bereitschaft, selber andern zu vergeben: „Vergib uns unsere Schuld, wie auch wir vergeben unsern Schuldigern."

Geht es ohne göttliches Gesetz?

Was aber soll Menschen lenken, wenn das mosaische Gesetz mit seiner göttlichen Autorität außer Kraft gesetzt ist? Bei Jesus ist es die Liebe. Er wählt aus dem Alten Testament zwei Liebesgebote als Leitworte: „Du sollst den Herrn, deinen Gott, lieben von ganzem Herzen, mit ganzer Seele und mit deiner ganzen Gesinnung." Und das andere (gleich wichtig): „Du sollst deinen Nächsten lieben wie dich selbst" (Mt 22,37-39).

Kann man Liebe gebieten? Einerseits geht es hier um eine Zielangabe; zum andern um eine substanzielle Veränderung: Zum richtigen Verhalten kommt es nicht durch eine von außen gebotene Forderung, die im Gehorsam aufgenommen wird, sondern durch einen von innen kommenden Impuls: Wer liebt, weiß automatisch, was er zu tun hat. Nicht das Hirn, sondern das Herz leitet ihn.

Auf der gleichen Linie liegt die Goldene Regel, die Jesus als Richtschnur nennt: „Alles nun, was ihr wollt, dass euch die Leute tun sollen, das tut ihr ihnen auch. Das ist das ganze Gesetz und die Propheten" (Mt 7,12). Auch hier liegt der Sensor, der uns zu richtigem Tun führt, in uns selber.

Eine ähnliche innere Leitinstanz ist das Mitgefühl, mit dem wir von Natur aus begabt sind, wohl weil wir in der Tiefe miteinander verbunden sind. Eben dieses führt den barmherzigen Samariter im Gleichnis Jesu dazu, sich dem zuzuwenden, der unter die Räuber gefallen ist (Lk 10,25ff). Luther übersetzt: „Es jammerte ihn“ (etwa ein Dutzend Mal kommt das in den Evangelien vor). Das Mitgefühl steht in der jesuanischen Linie anstelle von Geboten und der Forderung nach Gerechtigkeit. Diese spielt in der Kirche zumeist eine große Rolle, gehört aber in die mosaische Linie. Für politische Programme ist sie gewiss ein wichtiger Begriff. Mitgefühl jedoch bringt – wie Liebe – besser die innere Motivation zum Ausdruck, an der Jesus liegt.

Mögliche Einwände: Was ist, wenn Menschen weder Liebe noch Mitgefühl empfinden? Und wenn man zudem damit rechnen kann, dass Sünden im Himmel immer schon vergeben sind? Bricht dann nicht ein sittliches Chaos aus? Nein. Denn alle Völker, die kein göttliches Gesetz haben, schufen sich selber Regeln und Gebote. Man könnte auch sagen: Das menschliche Ego sorgte für Gesetze, weil es sich und das Seine geschützt haben will und Unmoral letztlich allen schadet. [8]

Das bedeutet praktisch: Wer im Geiste Jesu liebt und in der Sphäre des Reiches Gottes lebt, der braucht kein Gesetz, weil er intuitiv das Richtige tut. Wer nicht in dieser Sphäre lebt, für den gelten automatisch die staatlichen Gesetze und gesellschaftlichen Regeln. Das ist ja bei uns durchaus der Normalzustand. Wer aber liebt, ist frei. Treffend sagt Augustin: „Liebe und tu, was du willst.“

Eine ähnliche Position findet sich in Luthers Zwei-Reiche-Lehre. Aber ein Unterschied liegt darin, dass Luther das Gesetz als von Gott gegeben ansieht (in seiner Zeit wird es unvorstellbar gewesen sein, das Alte Testament nicht im Ganzen als göttliche Offenbarung zu verstehen). Er folgt als junger Mann zunächst der mosaischen Linie, und die führt ihn als gewissenhaften Mönch in die Verzweiflung: „Wie kriege ich einen gnädigen Gott?“ Ihn befreit dann die Entdeckung des Evangeliums: Infolge der Rechtfertigung aus Gnade kann er vor Gott bestehen, auch wenn es an Frömmigkeit und guten Werken fehlt.

Wenn wir Jesus folgen, gibt es die hier vorausgesetzte Forderung Gottes gar nicht, somit auch nicht den Anlass für Angst vor Strafe und Hölle. Dadurch verliert die Rechtfertigungslehre, die in der Situation von Paulus und Luther noch ihren guten Sinn hatte, heute ihre Aktualität. Sie kann noch eine eingeschränkte Bedeutung behalten bei einem von Menschen gemachten Leistungsdruck oder für ein irregeleitetes Gewissen. [9]

Auch die reformatorische Formel, dass „Gesetz und Evangelium“ zu predigen seien, verliert ihre Aktualität. Zwar brauchen Menschen auch das Gesetz, um das Ego in Zaum zu halten – aus Sicht der Liebe eine Notlösung. Eltern stehen meist für beides: für Strenge und Liebe. Aber Gott steht nur für Evangelium und Liebe. Denn auch die zweite Funktion des Gesetzes, die den Menschen überführt und durch das schlechte Gewissen und das Bedürfnis nach Vergebung zu Gott führen soll (usus elenchticus), greift nicht mehr wie zu Luthers Zeiten. Heute hätte ihn das Gesetz nicht mehr in die Verzweiflung getrieben.

Wenn bei Luther im Zentrum der Verkündigung „Gesetz und Evangelium“ stand, so könnten im Sinne Jesu dort heute die Pole „Wahrheit und Liebe“ stehen. Wahrheit steht einerseits für die die irdische Realität, die von Menschen manchmal als unzumutbar hart empfunden wird. Zum andern bezeichnet Wahrheit die göttliche Seite, die unerbittlich aufdeckt und Klarheit in menschliche Verhältnisse bringt. Beidem möchten Menschen sich oft entziehen. Wenn sie aber die Wahrheit akzeptieren, erleben sie es große Befreiung – wie der johanneische Christus sagt: „Die Wahrheit wird euch frei machen“ (8,32).,

Was bedeutet Evangelium heute?

Manche werden Sorge haben, dass Gott, wenn er nicht mehr Gesetzgeber und Richter ist, seine Majestät verliert. Aber wenn Jesus ihn „Vater“ (Abba) nennt, geht er davon aus, dass wir einen unmittelbaren Zugang zu ihm haben dürfen. Ist es bedenklich, wenn Gott nur „der liebe Gott“ ist und wenn bei ihm (mit einer unglücklichen Formulierung Bonhoeffers) die Gnade billig zu haben ist? Die Sorge scheint mir unbegründet. An Stelle der (unnötigen) Angst vor dem göttlichen Richter meldet sich heute stärker die Schicksalsangst: „Was könnte alles passieren? Wie überstehe ich das?“ Die Anstrengungen und Kosten, mit denen Krankheiten und Unglücksfälle beherrschbar werden sollen, sind bei uns unermesslich, und der Erfolg ist nicht sicher. So liegt auch für die Kirche heute die Herausforderung weniger in der Sündenbewältigung als vielmehr im Wahrnehmen von Existenz- und Sinnfragen: Wie kann Gott mit seiner Kraft, seinem Licht, seinem Geist in uns so gegenwärtig sein, dass wir von trostlosen Lebensumständen unabhängiger werden?

Dabei kann es nützlich sein, das Evangelium Jesu in seinen verschiedenen Facetten wahrzunehmen und es nicht auf seine Sünden vergebende Funktion einzuengen. Ich nenne noch einmal in Kürze die 7 Themen Jesu, die im vorigen Kapitel ausführlich dargestellt wurden und die Antwort auf menschliche Notlagen geben. Ich füge hier jeweils einen alttestamentlichen Bezug hinzu, damit gleichzeitig die jesuanische Linie im Alten Testament sichtbar wird.

1. Armut (materiell, emotional, geistig, seelisch) gehört zum menschlichen Geschick – das Evangelium führt zur Teilhabe an der unendlichen göttliche Fülle und sagt: *Du bist reich.* „Der Herr ist mein Hirte, mir wird nichts mangeln" (Ps 23,1).

2. Auf der einen Seite der von Gott getrennte, vereinsamte Mensch – im Evangelium der Gott, der die Verbindung sucht, ohne jede Bedingung: *Du bist mit Gott verbunden.* „Ich habe dich je und je geliebt, darum habe ich dich zu mir gezogen aus lauter Güte" (Jer 31,3).

3. Hier der an sich selbst zweifelnde Mensch – im Evangelium verleiht Gott ihm eine unzerstörbare Würde: *Du lebst in Ehren.* „...weil du in meinen Augen so wert geachtet und auch herrlich bist und weil ich dich lieb habe" (Jes 43,4).

4. Hier der verletzte und verzagte Mensch – das Evangelium bringt uns den Gott nahe, der heilt und neues Leben schenkt: *Du hast immer Grund zu vertrauen und zu hoffen.* „Heile du mich, Herr, so werde ich heil; hilf du mir, so ist mir geholfen" (Jer 17,14).

5. Hier der verirrte und verblendete Mensch – das Evangelium aber führt zur Wahrheit: *Was wahr ist, setzt sich durch.* Vgl. das vielfältige Wirken der Propheten, z.B.: „Denn sie gieren alle...nach unrechtem Gewinn, und Propheten und Priester gehen alle mit Lügen um und heilen den Schaden meines Volkes nur obenhin, indem sie sagen: ‚Friede! Friede!' und ist doch kein Friede" (Jer 6,13 f).

6. Hier der von Schuldgefühlen belastete Mensch – im Evangelium der liebevoll akzeptierende Gott: *Du bist umgeben von Liebe.* „...der dir alle deine Sünde vergibt und heilt alle deine Gebrechen" (Ps 103,3).

7. Hier der an sein Ego gefesselte Mensch – das Evangelium dagegen macht in jeder Hinsicht unabhängig: *Du bist frei.* „Fürchte dich nicht, denn ich habe dich erlöst" (Jes 43,1).

Woher die mosaische Linie im Neuen Testament?

In einem erstaunlichen Umfang findet die mosaische Linie ihre Fortsetzung im Neuen Testament, besonders in den späten Schriften, so dass sich der Eindruck aufdrängt: Hier haben Menschen die Botschaft Jesu weithin schon nicht mehr gekannt oder nicht mehr verstanden. Das trifft vor allem auf die (scheinbar paulinischen) Briefe an Timotheus und Titus zu, ebenso auf Hebräer- und Jakobusbrief – selbst wenn es darin durchaus ansprechende Verse gibt. An einigen Stellen ist mosaisches Denken auch in die ersten drei Evangelien eingeflossen und Jesus in den Mund gelegt; besonders bei Matthäus, der in seinem Evangelium eine Brücke zu den judenchristlichen Lesern suchte.

Wie konnte es geschehen, dass an die Stelle des Evangeliums moralische Vorschriften, Lasterkataloge und apokalyptische Gedanken traten?

1. Die ersten christlichen Gemeinden bestanden aus Judenchristen, die eine entschiedene Trennung von der jüdischen Gemeinschaft noch nicht vollzogen hatten, ja sie anscheinend auch nicht wollten. Diese erfolgte erst in einem jahrzehntelangen Prozess. Wer von uns eine strenge Erziehung erfahren hat, kennt das Phänomen: Frühe Ge- und Verbote graben sich tief in die Psyche ein, so dass sie selbst später ihre Autorität nicht verlieren, wenn vernünftige Einsicht sie ablehnt. So muss es denen ergangen sein, die die Treue gegenüber den Geboten jahrzehntelang eingeübt hatten. In den vielen alttestamentlichen Zitaten der Evangelien drückt sich auch der Wunsch aus, von der jüdischen „Mutter" akzeptiert und anerkannt zu werden.

Die frühe christliche Gemeinde geriet in Konflikt: Petrus stand für die Position, dass Heidenchristen erst Juden werden müssten (mit Beschneidung und Übernahme des Gesetzes). Der Heidenmissionar Paulus vertrat die Ansicht, dass diese davon frei seien. [10] In seinen Missionsgebieten setzte er sich durch; in die späten Schriften des Neuen Testaments floss Anderes ein. Im Römerbrief hat Paulus sich ausführlich mit der Beziehung zwischen Mose und Jesus auseinandergesetzt – für uns nicht leicht lesbar, weil er dort auf rabbinische Weise mit den Lesern seiner Zeit über Probleme redet, die sich heute anders darstellen. Trotzdem trägt er Wichtiges zur Klärung unseres Themas bei, etwa: „Christus ist des Gesetzes Ende" (Rö 10,4).

2. In den neu entstehenden christlichen Gemeinden entstand vermutlich Bedarf, Ordnungen zu entwickeln. Möglich auch, dass manche die neue Freiheit durch einen anstößigen Libertinismus missbrauchten. Offenbar gelang es nicht immer, Probleme im Geist der Liebe zu lösen, sondern man griff auf alte Gebote zurück und grenzte die aus, die sich nicht einfügten – im Gegensatz zu Jesus, der sie integrierte. Selbst Paulus, der wohl wie kein anderer Jesus verstanden hat, fiel anscheinend manchmal ins alte mosaische Muster zurück: Zwar kann er im 1. Korintherbrief in Kapitel 13 eine grenzenlose Liebe rühmen, in Kapitel 5,5 aber einen Unzüchtigen hart verdammen und raten, man solle ihn „dem Satan übergeben".

3. Überdies hat vermutlich ebenso für frühe Christen wie für spätere Staatenlenker die Versuchung bestanden, für Gesetze die göttliche Autorität in Anspruch zu nehmen: Wer Gott fürchtet, ist gehorsamer. Wer gehorsam ist, über den hat man Macht. Hat die Kirche auch deshalb so stark an der mosaischen Linie festgehalten? Extrem ausgenutzt wurde das im Ablasshandel, aber natürlich auch durch Beichte und Absolution sowie durch Predigt von göttlichen Strafen und Hölle.

Faktisch entstand in der frühen Kirche ein Synkretismus von mosaischer und jesuanischer Linie. So konnte es zu dem bitteren Bonmot kommen: „Jesus verkündigte das Reich Gottes – gekommen ist die Kirche."

Unnötige Erschwernisse

Noch eine andere Hypothek aus dieser unseligen Synthese mit der mosaischen Linie hat die Kirche bis in die Gegenwart belastet: Die Deutung des Todes Jesu als Opfer für menschliche Sünden. Man mag dafür Verständnis haben, dass der Hebräerbrief und andere den jüdisch Erzogenen, die an Opfer gewöhnt waren, eine Brücke bauen wollten; auch dass man dem scheinbar sinnlosen Sterben Jesu einen Sinn verleihen wollte. Aber es hat die Botschaft Jesu verfälscht und sein Gottesverständnis entstellt, nach dem Gott schon gütig *ist*. Er muss nicht erst durch die Opferung seines Sohnes dafür gewonnen werden, dass er seinen Zorn aufgibt. Diese Gedankenkonstruktion schafft bis in die Gegenwart Konfusion und hat unnötige Schuldgefühle verursacht („Für meine Sünde musste er sterben" – so der Tenor noch heute in manchen Passionsliedern). Sein Tod war ja vielmehr eine natürliche Folge dessen, dass seine Botschaft revolutionär war, nicht vereinbar mit der bisherigen Lehre. Wer sie zu würdigen weiß, wird Jesus nachträglich dafür dankbar sein, dass er ihr treu geblieben ist und dabei den Tod in Kauf genommen hat. Ohne den wäre sie vermutlich untergegangen. Auch hat er durch das freiwillige Sterben den Tod „aufgewertet" und ihm durch die Auferstehung den Charakter des endgültigen Untergangs genommen.

Fragwürdige Apokalyptik

Eine weitere Hypothek, die von der mosaischen Linie in das frühe Christentum eingedrungen ist, ist die (schon vor Jesus bestehende) Apokalyptik. Sie ist natürlich nicht direkt auf Mose zurückzuführen, aber ihr Denken ist mosaisch: die krasse Unterscheidung von Guten und Bösen; die Vorstellung von einem gerechten Gericht, in dem die Bösen untergehen und die Guten belohnt werden; das alles initiiert durch das zukünftige Kommen des Messias (so im Judentum) bzw. die Wiederkunft Christi (so im Christentum, nur um Nuancen verschieden); verbunden alles mit einem hitzig-gewaltsamen Weltendrama, bei dem ausgerechnet Jesus als Weltenrichter vorgestellt wurde.

Dieses Szenario ist nicht die Sache Jesu. Ein Grund dafür, die Apokalyptik auf Jesus zu übertragen, mag darin gelegen haben, dass sein schandbarer Tod nach Kompensation rief. Auch weil es Ähnlichkeiten zu seiner Verkündigung gab (die Erfüllung der Zeit, der Aufruf zur Buße u.a.), hat man ihm wohl apokalyptische Worte und Reden in den Mund gelegt. Aber sie stehen offensichtlich im Widerspruch zu dem, was er tatsächlich vertreten hat: Die Spaltung von Guten und Bösen ließ er nicht gelten; sein Gott geht suchend den Sündern nach, statt sie zu verdammen (siehe das Gleichnis vom verlorenen Schaf). Er lässt Freiheit und nimmt deren Missbrauch nicht übel (siehe das Gleichnis vom verlorenen Sohn).

Ein wichtiger Unterschied ist auch, dass Jesus nicht auf ein dramatisches Ereignis in der Zukunft zielt, sondern auf die Gegenwart („Selig *sind*...," Mt 5,3 ff). Für ihn ist das Reich Gottes gegenwärtig (Mk 1,15). Auf die Frage, wann es kommt, antwortet er (anti-apokalyptisch!): „Das Reich Gottes kommt nicht *mit erkennbaren Zeichen*...Siehe, das Reich Gottes ist mitten unter euch." Die ebenso richtige Übersetzung „Das Reich Gottes ist in euch" bringt zum Ausdruck, dass es dabei nicht um ein kollektives äußeres Weltendrama geht, sondern um einen individuellen inneren Prozess, der freilich (wie im Gleichnis vom Sauerteig) die äußere Welt durchdringen kann.

Zurück zu den Wurzeln

Unsere christlichen Wurzeln liegen in der Person und in der Verkündigung Jesu. Die mosaische Linie ist in seine Lehre später eingefügt worden, vor allem weil die frühen Judenchristen sich von ihrer alten Tradition nicht zu trennen vermochten und weil die entstehende Kirche diese Synthese übernommen hat. Bis heute sehen daher viele aus verständlichen Gründen in der Kirche eine Moralinstanz. Wenn man ein Mitglied der Kirche nach dem Wichtigsten im christlichen Glauben fragt, wird man in der Regel die Antwort bekommen: „Die 10 Gebote."

Die Sache der Kirche aber ist das Evangelium und die Förderung spirituellen Lebens. Gesetze und gute Sitten sind Sache des Staates und der Gesellschaft. Gesetzlichkeit in Predigt und Lehre ist bewusster wahrzunehmen und zu vermeiden. Damit verliert eine christliche Ethik nicht ihre Bedeutung: Sie lässt konkret werden, was Liebe bedeutet, z.B. in Wirtschaft, Justiz, Völkerverständigung und Überwindung von Krieg und Armut.

Es ist notwendig, das Alte wie das Neue Testament achtsamer und kritischer zu lesen: Wo meldet sich die mosaische Linie zu Wort? Sie sollte mit Verständnis und Entschiedenheit ausgeklammert werden (wie wir es mit inhumanen Teilen des Alten und Neuen Testaments automatisch immer getan haben; etwa wenn es in Ps 139,19 heißt: „Ach Gott, wolltest du doch die Gottlosen töten!" oder im Judasbrief 5: „Ich will euch aber erinnern,...dass der Herr...die umbrachte, die nicht glaubten").

Darin liegt für mich keine Abwertung des Judentums. Es hat ja ungetrennt beide Seiten in seiner Bibel: die mosaische Linie und die jesuanische (die es natürlich nicht so benennen würde). Viele Juden leben damit in Demut und Liebe vor Gott. Und doch ergeben sich aus den unterschiedlichen Wurzeln ein verschiedenes Gottesverständnis, verschiedene Lebensentwürfe, Riten, soziale Ziele – eine jeweils andere Lehre.

In der Kirche wird oft von unserer Tradition als der „jüdisch-christlichen" gesprochen – ein wenig hilfreicher Begriff. Mir scheint er jedenfalls nicht förderlich für das Verstehen zwischen Christen und Juden, auch nicht für die Versöhnung zwischen Deutschen und Israelis. Der ist mehr damit gedient, wenn wir bei Christentum und Judentum primär an zwei unterschiedliche Religionen denken (damit dürften wir übrigens die meisten Juden auf unserer Seite haben), auch wenn es im Alten Testaments viel Gemeinsames gibt. Wegen der gemeinsamen Wurzel ist es angemessen, dass wir dem Judentum mit Achtung, Lernbereitschaft und menschlicher Solidarität begegnen.

Eine Synthese aber von „jüdisch-christlicher Tradition" trägt immer schon den Keim in sich, dass man differenzieren muss – den Keim der Spaltung. Eben darin könnte eine der Wurzeln des uralten kirchlichen Antijudaismus' liegen: Das gemeinsame Alte Testament nötigte die Christen immer wieder zur Abgrenzung, solange grundsätzlich in der Kirche das mosaische Gesetz galt („...und doch sind wir anders"). Zudem konnte das schwache Selbstbewusstsein der Christen, die Jesus schon nicht mehr recht verstanden hatten, den Juden nur schwer ihren Erwählungsglauben lassen. Und so mordeten die missgünstigen Söhne Kains die Söhne Abels.

Wenn wir konsequent die mosaische Linie im Alten und Neuen Testament aufspüren und ausklammern, so wird das zunächst mühsam sein, aber eine große Befreiung für den Glauben, ja auch für die Kirche. Wir haben die Chance, das Erbe Jesu deutlicher wahrzunehmen und den kostbaren Schatz des Evangeliums besser für das Christentum zu erschließen.

3. Ein Menschenbild für unsere Zeit – die spirituelle Dimension wahrnehmen

Was ist der Mensch? Manche begnügen sich mit naturwissenschaftlich abgesicherten Antworten. Dann zählt nur das Materielle, das sinnlich Wahrnehmbare, das Messbare.

Andere, vermutlich die meisten Zeitgenossen, erweitern das Bild: Ein Mensch besteht aus Körper und Seele. Aber sogleich wird es schwierig: Was ist die Seele? In alten Zeiten war sie eindeutig der auf Gott bezogene Teil des Menschen. In der „Seelsorge" kümmert sich die Kirche darum. Nach dem Tod – so lange Zeit der selbstverständliche Glaube – geht die Seele zu Gott.

Aber spätestens seit die Psychologie zu einer eigenständigen Wissenschaft geworden ist, wurde die „Seele" in neuartiger Weise erforscht und mit anderen Vorstellungen belegt: In ihr stehen Gefühle und Beziehungen im Mittelpunkt. Es scheint immer noch, als ginge es um dieselbe Seele in der Arbeit der Psychotherapeuten und der Pfarrer, der Psychologinnen und der Theologinnen – zu Unrecht. Es ist merkwürdig, ja in hohem Maße unbefriedigend für den Glauben des Einzelnen wie auch für die kirchliche Arbeit, dass der zentrale Begriff „Seele", der hier für das spirituelle Zentrum im Menschen steht, so unpräzise und ungeklärt für zwei ganz verschiedene Bereiche verwendet wird. Könnte es sein, dass die Kirche die „Seele" an die Psychologie verloren hat?

Spätestens seit Plato gibt es auch ein dreidimensionales Menschenbild: Körper – Seele – Geist. Dadurch wird die begriffliche Konfusion noch größer: Meint „Geist" den Verstand mit seinen unzähligen grauen Zellen? Oder den Urheber von Forschung oder Dichtung? Oder den Heiligen Geist, diesen Teil der göttlichen Trinität, der im Menschen wirksam ist?

Das alles sind ja nicht nur akademische Fragen. Die Unklarheit erschwert die Suche nach Antworten auf zentrale Fragen: Wer bin ich eigentlich? Wie kann und muss ich mich selbst verstehen? Und auch: Wie macht die Kirche sich verständlich, wenn sie von „Seele" oder „Geist" redet? Das ist schwierig, so lange man einem dreidimensionalen Menschenbild verhaftet bleibt. Dieses führt in die Irre, weil es den irdisch-menschlichen Bereich und den spirituellen Bereich nicht unterscheidet. Das erschwert es in der Kirche, zum Eigentlichen zu kommen.

Ein vierdimensionales Menschenbild

Auf der Suche nach mehr Klarheit hat sich für mich ein graphisches Schema ergeben, das – so hoffe ich – für mehr begriffliche Eindeutigkeit sorgen kann, vor allem aber das Wesen des Menschen in religiöser Hinsicht tiefer verstehen lässt. Ich nenne es das „Vier-Rhombensystem“ und stelle es zunächst in einer Kurzfassung vor. Schematisch werden hier vier Ebenen abgebildet, auf denen Menschen prinzipiell mit ihrer Bewusstheit leben können.

4-Rhombensystem

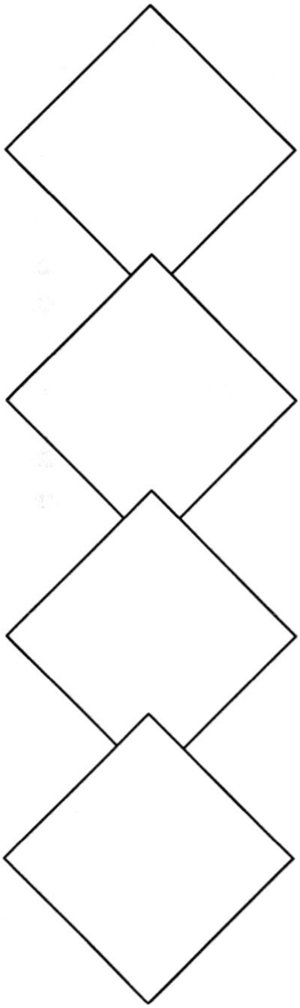

1. materielle Ebene
nach innen: Körper
nach außen: Materie, Umwelt

2. psychische Ebene
nach innen: Gefühle
nach außen: Beziehungen

3. geistig/mentale Ebene
nach innen: Vorstellungen
nach außen: Denksysteme anderer

4. spirituelle Ebene
nach innen: Glaube, Ehrfurcht, Freiheit, Liebe
nach außen: Gott, Kosmos, Schicksal

Auf der 1. Ebene geht es um sinnliche Wahrnehmung: Auf der materiellen Ebene zu leben bedeutet, den eigenen Körper und die uns umgebende sichtbare Welt bewusst wahrzunehmen.

Auf der 2., der psychischen Ebene, geht es um das Fühlen: Hier erleben wir uns in unseren Emotionen und in den Beziehungen zu anderen.

Auf der 3., der geistig/mentalen Ebene, geht es um das Denken: Hier ist die Welt der Vernunft, der Vorstellungen und des Wissens.

Als 4. Ebene füge ich dem dreidimensionalen Menschenbild von Körper – Seele – Geist die spirituelle Ebene hinzu. Hier geht es um „Seele" im spirituellen Sinn und um „Geist" im „geistlichen" Sinn, also auch um den Heiligen Geist.

Ich gehe davon aus, dass jeder Mensch die 4., die spirituelle Bewusstseinsebene in sich hat, und meine, dass sie auch empirisch nachweisbar ist. Das bedeutet nicht zwangsläufig, dass jeder sie nutzt. Aber das gilt ja genauso für die anderen Ebenen: Manche Menschen bewegen sich fast ausschließlich in der materiellen Welt (der 1. Ebene). Männern wird nachgesagt, dass sie oft Schwierigkeiten mit der Gefühlswelt haben (der 2.). Desto mehr sind sie vielleicht auf der rationalen Ebene zu Hause (der 3.). Im Idealfall sind wir auf allen vier Ebenen in unserer Bewusstheit lebendig – das wäre dann ein Ausdruck für ein ganzheitliches Leben und ein erfülltes Dasein.

Eine spirituelle Ebene auch bei Atheisten?

Die spirituelle Ebene setze ich wohlgemerkt bei jedem Menschen voraus, auch bei einem Atheisten. Sie könnte bei ihm etwa lebendig werden, wenn er berührt ist von Sinnfragen oder von der Begegnung mit dem Tod, von tief gehender Musik oder von überwältigendem Naturerleben. Statt von Gott würde er vielleicht von Schicksal oder Universum sprechen. Natürlich ist diese 4. Ebene nicht an eine bestimmte Religion gebunden, geschweige denn an eine Konfession. Sie ist Ausdruck dafür, dass in einem Menschen mehr ist als das, wofür die drei oberen Ebenen stehen; dass in jeder und jedem eine Tiefendimension ist. Oder wie auch gesagt worden ist: dass Menschen unheilbar religiös sind.

Zu beachten ist: Jede dieser vier Ebenen ist gleich wichtig – was viele in der Kirche vielleicht in Zweifel ziehen würden: Traditionell ist dort die Leiblichkeit des Menschen (1. Ebene) oft diskriminiert worden. Aber ohne die körperlich-materielle Ebene wären wir gar nicht auf der Erde.

Auf der 2., der psychischen entscheidet sich, wie wir unsere Existenz erleben, und wir finden uns in vielfältigen Beziehungen vor, von denen wir z.T. abhängig sind. Hier spielt sich weithin ab, was wir als „Leben“ empfinden.

Die 3. Ebene eröffnet uns die riesige geistige Welt, auch die Sprache. Sie hilft uns, die Welt zu gestalten. Sie macht uns zu Menschen im Unterschied zu andern Lebewesen.

Die 4. Ebene schafft eine Bewusstheit für unsere Basis, für unsere Herkunft und Zukunft, für unsere Beziehung zur transzendenten Welt. Sie ermöglicht Glauben an Gott und damit Freiheit von allen irdischen Einengungen. In manchen Religionen wird der Eintritt in die 4. Ebene als ein Aufwachen dargestellt, in einem fortgeschrittenen Stadium auch als Erleuchtung. Ähnlich Eph 5,14: „Wach auf, der du schläfst, und steh auf von den Toten, so wird dich Christus erleuchten.“

Ein Blick zurück

In einer frühen Phase hat die Theologie in ihrem Reden von der Seele grundsätzlich nicht zwischen psychologischen und seelsorgerlichen Aspekten unterschieden. In den letzten Jahrzehnten trat in der Theologie ins Bewusstsein, dass ihr durch die Psychologie eine Konkurrenz erwachsen war; wie entsprechend der Seelsorge durch die Psychotherapie. Zunächst bemühte man sich in der Kirche überwiegend um Abgrenzung („Der Psychotherapeut kann keine Schuld vergeben“). Im Laufe der Zeit wurde aber stärker der Versuch, psychologische Erkenntnisse und therapeutische Methoden zu integrieren. Es entstand das neue Fach „Pastoralpsychologie“: In der Klinischen Seelsorgeausbildung (KSA) lernte man von C. Rogers, in der psychoanalytisch ausgerichteten Fortbildung von S. Freud, in der Themenzentrierten Interaktion (TZI) profitierte man von R. Cohn für die Leitung von Gruppen usw. Dadurch wurden nicht nur Verstehen und Wissen vom Menschen erweitert, sondern fruchtbare Impulse erhielt auch die Systematische Theologie. Folge war freilich auch, dass manchmal die Psychologie über die Theologie dominierte bzw. psychologische Beratung über spirituell gegründete Seelsorge.

Darum ist es heute neu notwendig, zwischen der Sache der Psychotherapie und der Seelsorge zu unterscheiden. Das kann wesentlich geschehen durch die Unterscheidung von „Psyche“ (die zu der 2. Bewusstheits-Ebene gehört) und der „Seele“ (die Zentrum der 4. Ebene ist). Dabei zeigt sich freilich, dass Theologie und Kirche erstaunlich wenig von der Seele des Menschen wissen (für die Theologie ist es fremd, sie empirisch zu erforschen). Um so mehr hat man sich im Bereich der außerkirchlichen Religiosität mit dem Thema beschäftigt.

Welche Ich-Anteile sind auf den vier Ebenen wirksam?

Auf der obersten das wahrnehmende Ich, auf der 2. die Psyche, auf der 3. die Vernunft. Und auf der 4. also „Seele"? In Anlehnung an S. Kierkegaard können wir für den Ich-Anteil, der auf der spirituellen Ebene aktiv ist, auch vom „Selbst" sprechen. C.G. Jung hat den Begriff für diesen Bereich aufgegriffen. Thomas von Aquin spricht von der „Geistseele". Diesen Ausdruck finde ich treffend, weil es hier auch um die Ebene des heiligen Geistes geht. Aber am ehesten werden wir uns verständlich machen mit dem alten Wort „Seele" – wenn uns nur dabei bewusst ist, dass damit etwas anderes gemeint ist als der Ich-Anteil der psychischen (2.) Ebene. Dort scheint mir also sinnvoll, von der „Psyche" sprechen und hier auf der 4., wenn wir deutlich akzentuieren wollen, von der „spirituellen Seele".

In der grafischen Darstellung erscheinen die Ebenen von einander abgegrenzt. Das entspricht insofern nicht der Realität, als alles miteinander zusammenhängt und sich gegenseitig durchdringt (deshalb in der Grafik die leicht sich überlappenden Rhomben). Aber um der Klärung willen scheint mir eine deutliche Unterscheidung sinnvoll.

Manche werden dazu neigen, das Vier-Rhombensystem umzudrehen, so dass die materielle Ebene die Basis bildet und die spirituelle oben ist, quasi als Krönung des Menschlichen. Das erscheint mir durchaus möglich. Ich habe mich für die vorliegende Darstellung entschieden, weil es hier nach meiner Erfahrung um Tiefenschichten im Menschen geht. Die materielle Ebene ist für alle leicht zugänglich, die spirituelle am schwersten (vgl. P. Tillich: „In der Tiefe ist Wahrheit").

Chancen zur Begriffsklärung

Das Vier-Rhombensystem ist auch hilfreich, wenn man wichtige Begriffe klären will. Manche Missverständnisse könnten vermieden werden, wenn man berücksichtigt, dass umfassende Begriffe verschiedene Bedeutungen haben, je nachdem auf welcher Ebene sie benutzt werden. Einige Beispiele:

Liebe bedeutet auf der 1., der körperlichen Ebene Sexus, auf der 2., der psychischen Eros, auf der 3., der mentalen Philos (im Sinne von miteinander vertraut sein), auf der 4. Agape, also die selbstlose, bedingungslose, gottnahe Liebe.

Glaube kann auf der materiellen Ebene Stabilität meinen, auf der 2. zwischenmenschliches Vertrauen, auf der 3. Glaubwürdigkeit (hier geht es auch um theologische Glaubensinhalte), auf der 4. hingebungsvolles Vertrauen und Verbundenheit mit dem Göttlichen.

Freiheit ist auf der 1. Ebene Bewegungsfreiheit (z.B. nicht gefesselt oder inhaftiert sein; oder auch Chaos), auf der 2. sich ungebunden fühlen, dem eigenen Willen folgen können, auf der 3. Gedanken- und Meinungsfreiheit, auf der 4. Unabhängigkeit von allen Normen und allen Bedürfnissen.

Friede: auf der materiellen Ebene Abwesenheit von handgreiflichem Streit und Krieg, auf der psychischen Zufriedenheit und Konfliktfreiheit in Beziehungen, auf der mentalen Ebene Akzeptanz und gegenseitiges Verstehen, auf der spirituellen Friede mit sich selbst, mit Gott und Welt („Der Friede Gottes, der höher ist als alle Vernunft…“).

Was steckt in der 4. Ebene?

Um sie geht es hier ja primär. Nahe liegender Weise wird man ihr alles Religiöse zuordnen. Dabei ist aber wichtig zu unterscheiden zwischen der erlebten Spiritualität einerseits und der rationalen Darstellung einer Religion andererseits – die gehört zur mentalen (3.) Ebene.

Man könnte die 4. Bewusstseinsebene auch das Feld der Transzendenz nennen, übersetzt: des Überschreitens. Überschritten werden die Grenzen des Irdischen und die des Egos, das in den drei oberen Ebenen wirksam ist. Paulus würde stattdessen vom „Fleisch“ sprechen – ein Wesensanteil im Menschen, der noch gesondert betrachtet werden soll, weil er als der Gegenspieler des Göttlichen im Menschen eine wichtige Rolle spielt.

Paulus beschreibt einmal, wie sich alles verändert, wenn ein Mensch auf den oberen Ebenen lebt – und gleichzeitig auf der spirituellen: „...in allem erweisen wir uns als Diener Gottes:...als die Unbekannten – und doch bekannt; als die Sterbenden – und siehe, wir leben; als die Gezüchtigten – und doch nicht getötet; als die Traurigen – aber allezeit fröhlich; als die Armen – aber die doch viele reich machen; als die nichts haben – und doch alles haben“ (2. Kor 6,4.9f).

Gott und Mensch verbunden

Im 4-Rhombensystem stecken weitere Unterscheidungsmöglichkeiten, etwa wenn man auf jeder Ebene der nach links weisenden Rhombusspitze die innere Welt zuordnet und der nach rechts weisenden Spitze die äußere Welt. [11] Wir wenden das hier auf die 4. Ebene an und blicken wir zuerst auf die linke, nach innen gewendete Seite des untersten Rhombus. Dann können wir das spirituelle Erleben im Menschen mit zentralen Begriffen beschreiben, die es auch auf der psychischen Ebene gibt, die hier aber spirituell und damit anders zu verstehen sind: Ehrfurcht, Demut, Freiheit, Hoffnung, Hingabe, Freude, Dankbarkeit, Friede, Glaube (im Sinne von Vertrauen), Liebe (im Sinne von Agape).

Die intensivsten Erfahrungen auf der 4. Ebene gibt es seit jeher wohl bei den Mystikern. Sie sind ja nicht nur im Christentum in Erscheinung getreten, sondern z.B. auch im Judentum (die Kabbalisten und Chassidim) und im Islam (die Sufis). Es ist schön zu sehen, wie die verschiedenen Religionen in der Tiefe zu einer Einheit finden. Ihre tiefste Erfahrung ist die unio mystica, die Verschmelzung mit dem Göttlichen.

Die enge Verbundenheit von Gott und Mensch, von der die spirituelle Ebene geprägt ist, taucht im Ansatz schon in der Schöpfungsgeschichte auf: in der Vorstellung, dass Gott den Menschen geschaffen habe „nach seinem Ebenbild“. Bei Paulus und im Johannesevangelium wird sie ausgedrückt im häufigen Bild des „Christus in uns“. Auch dadurch, dass ein Mensch von der alles bewegenden Kraft des Heiligen Geistes erfüllt ist. Kurz gesagt: Hier geht es um den Gott in uns.

In der Theologie ist man meist kritisch mit der Vorstellung des „Gott in uns“ umgegangen. Deshalb wurde eher der „deus extra me“ betont, der Gott außerhalb von mir. Zu groß war wohl die Befürchtung, der Mensch könne in seinem Hang zur Selbstvergottung bestärkt werden. Das ist insofern nicht von der Hand zu weisen, als das Ego durchaus die Tendenz hat, sich auch des Religiösen zu bemächtigen und es für eigene Interessen zu nutzen oder sich gar selber an Gottes Stelle zu setzen. Die Fehlentwicklungen in der Kirche über Jahrtausende hinweg bieten abstoßende Beispiele dafür, besonders in ihrem Streben nach Macht, Geltung und Reichtum. Aber natürlich ist auch jeder einzelne Christ dieser Versuchung ausgesetzt: Fast unmerklich kann sich in religiöses Bemühen der Eigennutz des „alten Adams“, des Egos einschleichen. Wenn jedoch wirklich Christus in einem Menschen lebt, fällt dem Ego eine dienende Rolle zu. Paulus schreibt etwa in Gal 2,20: „Ich lebe, doch nun nicht ich, sondern Christus lebt in mir.“

Wir in Gott

Wenden wir uns nun auf der Ebene des untersten Rhombus nach rechts, also nach außen, so ist es nahe liegend, an den „deus extra me“, den Gott außerhalb von mir zu denken. Das würde noch einmal bekräftigen, dass ich mich als Mensch nicht zum Gott machen kann, denn zum Menschen passen nicht Attribute wie Allmacht, Allgegenwärtigkeit und Allwissenheit, auch nicht „Schöpfer des Himmels und der Erden“.

Aber es ist nicht unbedenklich, so von Gott zu reden, als sei er unser Gegenüber, das wir objektiv betrachten können. Und doch können wir es kaum vermeiden! Möglicherweise sind wir dabei aber der Vorstellung des Egos aufgesessen, das sich von seinem Wesen her als von Gott getrennt empfindet. In Wahrheit können ja wir nicht außerhalb des Göttlichen sein. Paulus redet mehrfach davon, dass wir „in Christus" sind, z.B. in 2. Kor 5,17: „Ist jemand in Christus, so ist er eine neue Kreatur." Wir können uns vorstellen, dass wir in Gott geborgen sind, dass wir nicht von ihm getrennt sein können und nicht jenseits von ihm. Vielleicht hilft das Bild von Welle und Meer: Wir sind wie Wellen im göttlichen Meer, zu ihm gehörig, aber wir sind nicht das Meer im Sinne des göttlichen Ganzen. – Zur Beschreibung der spirituellen Ebene können wir also auf der linken Seite kurz schreiben: „Gott in uns" und auf der rechten: „wir in Gott".

Auf die rechte Seite gehört auch der Begriff des Reiches Gottes, der bei Jesus eine zentrale Rolle spielt. Hier gilt Ähnliches wie oben: Aus Ego-Sicht liegt es außerhalb von uns, und im besten Fall können wir hineingelangen (oder: in ferner Zukunft wird es sich durchsetzen). Doch aus Jesu Sicht ist es gegenwärtig, auch wenn es von Menschen weithin nicht wahrgenommen wird. Es gibt keinen Ort außerhalb der Gottesherrschaft.

Konsequenzen für das Verstehen von Kirche

Zunächst erscheint es mir sinnvoll, sich mit Hilfe des Vier-Rhombensystems verschiedene Aspekte dessen, was Kirche ist, bewusst zu machen:

1. Auf der materiellen Ebene wird sie erfahrbar z.B. in ihren Kirchengebäuden, ihren Mitgliederzahlen und ihrem Finanzwesen.

2. Auf der psychischen und Beziehungsebene wird sie erlebt in der zwischenmenschlichen Gemeinschaft der Gemeindemitglieder (M. Josuttis bezeichnet diesen Aspekt der Kirche als „Milieu").

3. Auf der mentalen Ebene ist sie erkennbar als Theologie, Lehre, Dogmatik, Bekenntnis und Ethik. Gehört hierher auch die Wortverkündigung? Ja, wenn es sich etwa um eine informative Predigt handelt. Nein, wenn diese Herz und Seele erreicht.

4. Auf der spirituellen Ebene geht es um die unsichtbare Kirche (ecclesia invisibilis), eine äußerlich nicht erkennbare Gemeinschaft von Glaubenden, in der alle mit allen verbunden sind, zu der man je nach innerer Befindlichkeit mal dazugehört, mal nicht. Ein alter Ausdruck dafür ist „Leib Christi". Diese Kirche kann ein Kraftfeld bilden, in dem man sich gegenseitig im Vertrauen und in der Liebe stärkt, und das hat Ausstrahlung und Wirkung nach außen.

Wichtige Unterscheidungen

In diesem Feld liegt die eigentliche Aufgabe der Kirche. Was im Bereich der oberen drei Ebenen geschieht, ist für die äußere Existenz der Kirche oft nützlich, aber nicht konstitutiv. Es muss sich vielmehr daran messen lassen, ob und wie es der zentralen spirituellen Aufgabe dient. Aber offenbar geschieht es leicht, dass sich Inhalte der ersten drei Ebenen in den Vordergrund schieben: Auf der 1. Ebene z.B. finanzielle Sorgen, Statistik oder Bauvorhaben; auf der 2. Gruppen, Feste und Veranstaltungen, die spirituell ziemlich bedeutungslos sein können. Auch Gottesdienste können dazugehören (G. Ebeling spricht einmal von der "institutionalisierten Belanglosigkeit" mancher Gottesdienste).

Die Unterscheidung zwischen der 3. (geistig/mentalen) und 4. (spirituellen) Ebene scheint mir besonders wichtig, weil es auf der 3. so viel kirchliches Engagement gibt:

a) in dem intensiven Bemühen, die Kirche als Organisation und äußere Institution zu erhalten, zu stärken und neue Strukturen für sie zu planen. Wobei es manchmal so scheint, als sei das ein Ersatz für die eigentliche geistliche Arbeit und als traue die Kirche ihrer eigentlichen spirituellen Kraft (auf der 4. Ebene) nichts zu. Es gibt ja die Erfahrung, dass die Kirche da, wo sie äußerlich besonders stark war, geistlich ziemlich unfruchtbar war, ja dass sie in ihrer Glaubwürdigkeit langfristig Schaden litt. Und umgekehrt: dass in einer dürftigen Struktur viel spirituelles Leben blüht.

b) Die Unterscheidung zwischen der 3. und der 4. Ebene ist besonders im Hinblick auf die Theologie wichtig. Die 3. (rationale) Ebene hat eine wesentliche Funktion in der Kirche, um Glaubensinhalte kritisch zu sichten, zu klären, um Lehrinhalte zu benennen, um Irrtümer aufzudecken. (Eine Aufgabenbeschreibung von G. Ebeling: „Theologie soll das Predigen so schwer wie nötig machen.") Auch Jesus war ja in vieler Hinsicht ein aufklärender Lehrer. Aber: Die in der Ratio verhaftete Theologie der 3. Ebene kann unmittelbar nichts für die spirituelle Ebene tun. Man kann Theologe sein, ohne in der geistlichen Dimension berührt zu sein. Ein Ausspruch Martin Luthers warnt: „Das Herz macht einen zum Theologen (cor facit theologum)". Wer nur auf der Verstandesebene lehrt und argumentiert, erreicht die Seele der Menschen nicht. K. Künkel in einem Bild: „Theologische und dogmatische Aussagen über Gott, über Christus sind eine Landkarte, nicht das gesuchte gelobte Land."

c) Eine auf der 3. Ebene im Rationalen gefangene Kirche hat Jahrhunderte lang im Konflikt mit der Naturwissenschaft gelegen und um das richtige Weltbild gestritten – meistens unnötig und zum Schaden ihrer Mitglieder.

Die Lösung vieler strittiger Fragen wird einfacher, wenn man beachtet, dass Antworten auf der 3. im Verhältnis zur 4. Bewusstheitsebene verschieden ausfallen können und dürfen; und dass es auf der 4. Ebene keine religiösen Konflikte mehr gibt.

d) Nicht wenige verantwortungsbewusste Zeitgenossen leiden unter dem Werteverfall in unserer Gesellschaft. Ihre Erwartungen richten sich oft an die Kirche. Das kann zur Falle werden, weil man sich in der Kirche natürlich darüber freut, wenn sie gesucht, gebraucht und geschätzt wird. Man muss aber unterscheiden zwischen Werten auf der 3. Ebene (das sind meist moralische) und Werten auf der 4. Ebene wie etwa Demut, Freude, Agape, Freiheit, Würde, Glaube, Ehrfurcht – sind das die von den erwähnten Zeitgenossen gemeinten und gewollten? Wahrscheinlich eher moralische Normen, die gut und sinnvoll sein können, aber nicht im zentralen Aufgabenbereich der Kirche liegen. Allerdings haben die spirituellen Werte der 4. Ebene in der Gesellschaft eine gute und heilsame Wirkung (in Anlehnung an ein Bild Jesu: Ein guter Baum bringt gute Früchte).

e) Eine auf der 3., der mentalen Ebene gefangene Kirche kann dazu neigen, die Menschen, die ihr fern stehen, abzuwerten, sie – weil sie nicht in Ordnung sind – zu Sündern zu erklären oder sie nur als Missionsobjekte zu sehen. Sie übersieht dann, dass diese Menschen auf der 4. Ebene immer schon mit dem Göttlichen verbunden sind, immer schon unterwegs sind zu Gott, gleich wie sie ihr Leben führen. Auch auf die Gottlosen und Unmoralischen wartet am Ende nicht die Hölle, sondern Gottes Liebe. Selbst wenn sie das nicht wissen oder es bestreiten, so kann sich für Christen daraus doch das Bewusstsein einer tiefen Solidarität ergeben.

In der Kirche geht es eben in erster Linie um die Seele, um die spirituelle Ebene. Freilich: Da ist nichts machbar, wenig sichtbar, und es sind keine planbaren Erfolge zu erzielen. Das löst bei denen, die in der Kirche arbeiten, leicht ein Gefühl von Ohnmacht und Frustration aus, und das Ego verführt sie, sich Aktivitäten auf den oberen drei Ebenen zuzuwenden. Die können durchaus ihren Ort in der Kirche haben, können aber allenfalls in den Vorhof des Tempels führen, nicht zum Allerheiligsten.

Deshalb ist es nützlich, sich selbst immer wieder der eigenen spirituellen Ebene bewusst zu werden. Und wenn man sie nicht spürt? Dann kann es schon hilfreich sein, sich klar zu machen: „Jetzt bin ich in den oberen drei Ebenen gefangen“ – und sich damit zu akzeptieren. Aber was lässt uns denn unsere tiefste Ebene so leicht vergessen oder missachten? An dieser Stelle ist es notwendig, dass wir uns dem menschlichen Gegenspieler Gottes zuwenden: dem Ego, dieser schönen und schrecklichen Ich-Instanz.

4. Mit dem Ego leben lernen – statt gegen das Böse zu kämpfen

Die traditionelle Kirche hat sich seit alten Zeiten immer als Bollwerk gegen das Böse gesehen, als Gottes Kampfaufgebot gegen den Teufel. Sie hat weithin die Augen davor verschlossen, wie sich das „Böse" in ihr selbst ausbreitete. Kritische Zeitgenossen haben diese negative Seite der Kirche jeweils um so deutlicher gesehen (und ihre Opfer haben sie erlitten). B. Brecht hat das ironisch in „Mutter Courage" dargestellt: „Das ist eine Versuchung, sagte der Hofprediger – und erlag ihr." Und in der Tat ist zeitweise die Kirche allen denkbaren menschlichen Triebhaftigkeiten erlegen: etwa dem Machtstreben, der Besitzgier, der Geltungssucht, der Gewalttätigkeit. Fatal ist, dass die dieselbe Kirche überwiegend Moral gepredigt und ihre Mitglieder mit Höllenstrafen bedroht hat – aber viele ihrer Funktionäre waren merkwürdig blind dafür, wie sehr sie selbst in den Fängen des „Teufels" waren.

Der Teufel ist uns in den letzten Jahrzehnten abhanden gekommen. Und das ist gut so. Denn im Wesentlichen war er eine Projektion dessen, was im Menschen ist. Indem er (oder „das Dämonische") als eigenständige Instanz abgespalten wurde, konnten Menschen sich teilweise eigener Verantwortung entledigen. Wenn wir die Projektion zurücknehmen und das *in* uns aufsuchen, was uns lieblos, destruktiv und gottesfern sein lässt, so haben wir die Chance, besser damit umzugehen. Es handelt sich um einen Wesensanteil, den wir heute am besten mit „Ego" bezeichnen, denn das ist ein Begriff, der allgemein verstanden wird. Unvermeidlich gehört es zu jedem Menschen.

Im Ego liegt zwar die Wurzel all dessen, was wir böse nennen. Aber wir sollten uns hüten, es pauschal zu verteufeln. Es verdient, differenzierter wahrgenommen zu werden, ist es doch ein wichtiges Instrument zur Bewältigung des Lebens. [12]

Das Ego entspricht etwa dem, was Paulus „das Fleisch" nennt. Sein göttliches Gegenüber ist bei ihm „der Geist". Als Teil der göttlichen Trinität ist uns der „Heilige Geist" vertraut. In unserm Zusammenhang tritt er in Erscheinung als die spirituelle Instanz im Menschen. Wenn Sie an das 4-Rhombensystem denken: Diese Geist-Instanz ist auf der untersten, der spirituellen Bewusstseinsebene angesiedelt, während das Ego in uns auf den drei oberen Ebenen wirksam ist (der materiellen, der psychischen und der mentalen). Es prägt also weitgehend unser Leben. Das Ego (das Fleisch) und die spirituelle Seele (der Geist) kämpfen im Menschen um die Vorherrschaft. Es geht um viel. Paulus schreibt in Rö 8,6: „Fleischlich gesinnt sein ist der Tod, und geistlich gesinnt sein ist Leben und Freude. Denn fleischlich gesinnt sein ist Feindschaft wider Gott."

Die heutige Situation der Kirche stellt sich mir so dar: Manche Gemeindemitglieder und Pfarrer halten am Teufelsglauben fest. Das kann insofern befriedigen, als man einen (äußeren) Feind hat, den man bekämpfen kann. Aber den meisten, die ja nicht mehr an den Teufel glauben, ist damit das Gegenüber des göttlichen Geistes verloren gegangen. Das führt leicht zur Verharmlosung der den Menschen bestimmenden Triebkräfte. Der alte paulinische Begriff „Fleisch" ist ja heute nicht mehr hilfreich.

Teilweise machen sich im vermeintlich notwendigen Kampf der Kirche gegen das Böse Moral und Gesetzlichkeit breit, die aber gehören zur mentalen Ebene. Für Staat und Gesellschaft hat die Bekämpfung des Bösen ihr Recht. Aber in diesem Feld liegen nicht die Aufgaben der Kirche. Ihr Gegner ist nicht das Böse, sondern die gestörte Gottesbeziehung. Und dessen Wurzel ist das Ego. Dem jedoch ist nicht beizukommen, indem man es bekämpft.

Das manchmal gloriose und manchmal kümmerliche Ego

Wenn wir uns eine vertrauensvolle Gottesbeziehung wünschen, sollten wir den Gegenspieler Gottes, das Ego, möglichst gut kennen. Es hat zwei Gesichter: Das eine ist attraktiv, das andere unangenehm, leidvoll, manchmal gefährlich und erschreckend.

Die positive Seite hervorzuheben scheint mir sinnvoll, weil das Wort Ego allzu schnell einen schlechten Beigeschmack hat. Es lässt sofort an Egoismus und Egozentrik denken – doch dabei handelt es sich um negative Steigerungsformen eines ganz alltäglichen Phänomens.

Am besten verständlich wird das Ego vielleicht durch folgende Vorstellung: Wenn ein Mensch – wie man sagt – „zur Welt kommt", verlässt er die göttliche Einheit und wird ein einmaliges Individuum. Den Aspekt der Trennung vom Göttlichen drückt die alte Vorstellung von der Erbsünde aus, wobei es ja nicht etwa um Schuld oder moralisches Versagen geht. Vielmehr drückt „Sünde" den Trennungsaspekt aus. Das ist vergleichbar mit der „Ent-bindung", wo es ja auch zur Trennung von Mutter und Kind kommt – jedenfalls äußerlich gesehen. Innerlich wird gewöhnlich eine Liebesbeziehung bestehen bleiben. Entsprechend bleibt innerlich die Liebesbeziehung Gottes bestehen, und im Innersten, auf der spirituellen Ebene, die Liebesbeziehung des Menschen zu Gott.

Ähnlich sagt Paulus, dass nichts „uns scheiden kann von der Liebe Gottes“ (Rö 8,39). Aber der zur Welt und ins „Fleisch“ gekommene Mensch *fühlt* sich getrennt – und er verhält sich dementsprechend. Je mehr jemand erwachsen wird, desto mehr baut er sich sein eigenes Reich – als ob es Gott (und sein Reich) nicht gäbe. Sein Ego forciert das und ist dabei die Instanz, die ihm hilft, die eigenen Kräfte und Möglichkeiten zu entwickeln und sie zur Lebensbewältigung einzusetzen. Darin ist es also ganz positiv zu sehen. Mit ihm schafft ein Mensch sich seinen Lebensraum. Manchmal erkämpft er ihn auch. Je besser ihm das gelingt, desto weniger meint er der göttlichen Rückversicherung zu bedürfen.

Im Ego sitzt ein starker Selbsterhaltungstrieb, der ihn antreibt, sein Dasein zu sichern. Damit das langfristig geschieht, findet das Ego es angebracht, von allem möglichst viel zu haben. Es ist unvermeidlich, dass es dabei zu Verteilungskämpfen kommt, da andere ja dasselbe wollen.

Weil aber Kampf das Leben gefährdet, entwickelt das Ego – in Absprache mit anderen – Strategien zur friedlichen Einigung. So entstehen Gebote und Regeln, die zwar das Individuum in seiner freien Entfaltung einschränken, aber letztlich im Interesse aller liegen. Es kann also durchaus „egoistisch“ sein, Gebote zu halten, Frieden zu schließen und harmonische Beziehungen zu pflegen.

Überhaupt: Das Ego liebt das Angenehme und Leben fördernde. Es investiert viel, um Unangenehmes, Schmerzen und Bedrohliches auszuschließen. Zu guten „Erfolgen“ verhilft ihm sein Ehrgeiz, manchmal auch Rivalität. Es schätzt Genuss als Lebenssteigerung und sorgt daher für ständige Fortschritte in der Zivilisation mit Hilfe von Wissenschaft und Forschung. Es schafft sich seine Welt. Fast alles, was wir in unserm Alltag denken, fühlen und tun, ist vom Ego gesteuert. Dabei ist es dem Leben nützlich als planende und organisierende Instanz. Alles geschieht aus Eigennutz, aber die Erfahrung lehrt, dass mit anderen verbündeter und auf einander abgestimmter Eigennutz großartige Ergebnisse bringen kann. Das ist das Erfolgsgeheimnis des Kapitalismus – seine Schwäche ist, dass er ausschließlich auf die Kräfte des Egos setzt.

Das einzelne Ego erhofft sich ein befriedigendes und glückliches Leben durch die Erfüllung von den drei klassischen Grundbedürfnissen und -trieben:

1. dem Trieb nach Wohlstand und Reichtum, die das Leben sichern, Genuss verschaffen und möglichst viele Bedürfnisse erfüllen sollen;

2. dem Trieb nach liebevoller, harmonischer und lustvoller Beziehung, besonders auch im erotischen und sexuellen Kontakt;

3. dem Trieb nach Geltung und Macht, dessen Erfüllung Beliebtheit, hohen Staus und Überlegenheit schafft.

Zusammenfassend lässt sich sagen: Alles worauf wir in unserer zivilisierten Welt ungern verzichten, ist über Jahrtausende vom menschlichen Ego vorangetrieben: technische und medizinische Errungenschaften, Komfort, Bildung, Rechtssysteme und vieles mehr. Im besten Fall kann das unermüdliche Streben des Egos einem Menschen zu einem kleinen Paradies verhelfen. Freilich erweist sich meistens, dass viel zu haben nicht automatisch die erhoffte Lebenserfüllung und das angestrebte Glück bringt.

Die dunkle Seite des Egos

Spätestens hier ist die negative Seite des Egos in den Blick zu nehmen. In ihm liegt die Ursache für fast alles Leiden – für das eigene und für das, was wir einander zufügen. Das beginnt damit, dass es allen Bemühungen zum Trotz keine Sicherheit gibt. Wir können jederzeit alles verlieren, woran wir hängen: Besitz, angesehene Stellung, Gesundheit, Menschen, die wir lieben. Das bedeutet für das Ego, dass es Schmerz erdulden muss und viele unerwünschte Gefühle: Enttäuschung, Kränkung, Ärger, Trauer, Eifersucht, Scham, Schuld, Verzagtheit. Und in alledem immer wieder Angst. Vor allem deswegen, weil das Bedürfnis, die Dinge unter Kontrolle zu halten, sich als unerfüllbar erweist.

Das wird am stärksten erfahren in der Begegnung mit dem Tod. Das Ego spürt, dass der ihm alles nimmt, was es aufgebaut hat, ja dass der Tod es selber auslöscht. Am Ende bleibt es immer der Verlierer.

In all dem Genannten empfindet das Ego sich meist als Opfer, sei es von Menschen, sei es von Schicksalsmächten oder von Gott. Dass es an dem empfundenen Unheil mitgewirkt hat, indem es überhöhte Ansprüche und realitätsfremde Erwartungen entwickelt hat, erschließt sich nur schwer dem Bewusstsein. So kommt es dazu, dass sich etwa bei einem großen Verlust in die Abschiedstrauer Wut mischt oder aus ohnmächtiger Wut Depression werden kann – weil etwas passiert ist, was nie hätte passieren dürfen.

Das Ego als Täter

Menschen finden sich ständig in einer Konkurrenzsituation vor; z.B. wollen zwei dasselbe haben oder jeder mehr als der andere. Das kann einerseits zu Konflikt, Kampf oder Verletzung führen, andererseits zu einer ständigen Sorge, zu kurz zu kommen – was wiederum Antrieb ist, egoistisch für sich zu sorgen. Das geschieht fast immer mit der Tendenz, über das Maß des Notwendigen hinaus für sich zu fordern und zu raffen.

Eine vom Ego geleitete Gesellschaft schafft sich viele Probleme:

- Das kollektive Ego drückt sich vor langfristiger Verantwortung, wobei es z.B. ökologische Gefahren verdrängt und Lösungen verschiebt.
- Es hat zu einer gigantischen Verschuldung der öffentlichen Kassen geführt.
- Es verhindert wirksame Entwicklungshilfe, weil es auch dort immer noch kurzfristig Gewinne machen will.
- Die kollektive Gier ließ das Banken- und Finanzsystem zusammenbrechen.
- Das auf Sicherheit bedachte Ego opfert Unsummen für Aufrüstung, die faktisch Unsicherheit schafft.

So kann es menschliches Leben vielfältig schädigen und gefährden. Die christlichen Kirchen, obwohl sie über die ganze Erde verbreitet sind, erweisen sich in dieser Situation als merkwürdig wenig hilfreich. Oder haben sie sich angepasst?

Weil wir so vielfältig unter dem „bösen" Ego leiden, gibt es unter uns fast immer eine Sehnsucht nach dem Guten. Als gut wird gewöhnlich empfunden, was die Wünsche und Ansprüche des Egos erfüllt. Häufig wird auf Gott projiziert, dass er das Gute wolle und seine Inhalte bestimme. Die Unterteilung in „das Gute" und „das Böse" muss man aber wohl als menschliche Hilfskonstruktion verstehen, die das Zusammenleben positiv regeln soll. Auf sie können wir freilich nur schwer verzichten. Das bedeutet aber auch, dass wir (und nicht Gott) die Verantwortung dafür tragen, wie wir die Begriffe füllen und wie wir sie jeweils aktualisieren – die ständige Aufgabe der Ethik (einer wichtigen Ego-Funktion).

Zur Erinnerung: Gottes Wille zielt auf Liebe, nicht auf das Gute, auch nicht auf Gerechtigkeit. [13] Das mag in der Praxis oft auf dasselbe wünschenswerte Verhalten von Menschen hinauslaufen. Aber die Motivationsquelle ist eine verschiedene.

Die Zähmung des Egos

Wenn das Ego das Leben oft so stark belastet und so viel Schaden zufügt, ist die Frage nahe liegend: Wie kann es positiv beeinflusst und notfalls gebändigt werden? Es scheint für die menschliche Entwicklung notwendig zu sein, dass jemand als Kind zunächst ein „gesundes Ego“ entwickeln kann. Wird es frühzeitig zu sehr unterdrückt, kommt es leicht zu einem Hin- und Herpendeln zwischen einem aufgeblähten und einem jämmerlichen Ego, zwischen ausphantasierter Größe einerseits und einem Absturz in Hilflosigkeit andererseits.

Die Erfahrung zeigt, dass lieblose Vernachlässigung und übermäßige Verwöhnung bei einem Kind Probleme schaffen: mal in Form von unerfüllbaren Ansprüchen, mal in lebensschwacher Verzagtheit, mal in Wut und aggressiven Handlungen. Das kann zu Situationen führen, in denen ein „krankes“, d.h. zutiefst gekränktes Ego nur noch destruktiv, bösartig, rücksichtslos und grausam agiert.

Heute besteht in Erziehungsfragen weithin Einigkeit darüber, dass Eltern vielen Bedürfnissen und Wünschen Raum geben sollen. Freilich lässt sich in vielen Familien beobachten, dass die Anspruchshaltung des kindlichen Egos so stark genährt wird, dass der Lebensraum der Eltern erheblich eingeschränkt ist und sie sich oft überfordert fühlen. Zunehmend wird daher zum Thema, wie man sinnvolle Grenzen setzen und hilfreiche Regeln einüben kann.

Aber natürlich ist es bei Erwachsenen nicht weniger notwendig als bei Kindern, die Wucherungen des Egos einzudämmen. Seit jeher hat die Gesellschaft dafür Methoden und Strukturen entwickelt. Möglichkeiten gibt es auf jeder der vier Bewusstheitsebenen des Rhombensystems:

- Auf der materiellen Ebene kommen körperliche Züchtigung, Polizeigewalt, Geld- und Gefängnisstrafen zum Einsatz, um Ego-Destruktivität zu verhindern – bis hin zur Todesstrafe. Im weitesten Sinne soll auch Krieg das Ego der Feinde klein machen.
- Auf der psychischen Ebene kann die im Menschen angelegte Instanz des Gewissens sehr wirksam sein: Es wirkt als hemmender Faktor. Primär bietet es die Chance, sich seiner selbst im Handeln, Fühlen und Denken bewusst zu werden. Aber es kann auch mit normativen Inhalten gefüllt werden und reagiert bei Übertretung dann mit Schuldgefühlen. Wo Gott primär als Gesetzgeber gesehen wird, glaubt man seine Stimme in der Stimme des Gewissens zu hören. Aber dabei lässt man außer acht, dass ein Gewissen vor allem von den Erziehenden konditioniert wird.

Auf der mentalen Bewusstheitsebene wird die Zähmung eines zu rücksichtslosen Egos unterstützt durch gesellschaftliche Normen und staatliche Gesetze (mit Strafandrohung); wesentlich auch durch Ideale, die meist zur Ausbildung eines persönlichen Ideal-Ichs führen. Wenn jemand eine innere Vorstellung hat: So möchte ich sein! (oder nicht sein), so entsteht daraus ein starker Antrieb zu einem „guten" Verhalten.

All diese Regelungen hat das Ego sich geschaffen, um sich und andere vor Destruktivität zu schützen. Im Normalfall können wir damit leidlich leben – etwas anderes kennen wir ja meist auch nicht. Aber die Beeinträchtigungen durch die Schutzmaßnahmen können doch erheblich sein:

Auf der materiellen Ebene soll der Einsatz von Gewalt abschrecken. Aber diese fügt Menschen viel Leid zu und ist oft erschreckend inhuman.

Auf der psychischen Ebene kann eine rigide Gewissensprägung zu Ängsten und zu neurotischen Belastungen führen. Hier hat gerade auch die Kirche mit einer engherzigen Gesetzlichkeit viel Unheil angerichtet: Statt – dem reformatorischen Programm entsprechend – die Gewissen zu befreien, wurden nicht selten Menschen durch unerträgliche Gewissensbelastung und Angst vor Ausgrenzung in tiefe Verzweiflung gestürzt.

Das auf der mentalen Ebene angesiedelte Ideal-Ich schließlich führt oft dazu, dass ein Mensch in sich keinen Frieden findet: Niemals ist etwas gut genug, nie ist man selber gut genug. Verstärkt wird das, wenn Selbstliebe verpönt ist (wie in unserer kirchlich geprägten Kultur üblich).

Die spirituelle Alternative

Wir haben bisher die 4.,die spirituelle Bewusstseinsebene, nicht berücksichtigt. Auf ihr ist ein Mensch mit dem Göttlichen verbunden. Allein hier sind wir vom Ego frei. Darum empfindet das Ego sie instinktiv als Feind. Aber sie bietet Lebensalternativen. Ich möchte sie als spirituelle Werte darstellen.

Interessant ist, dass diese Werte auch für das Ego attraktiv sind. Aber auf den drei oberen Bewusstheitsebenen, auf denen es wirksam ist, werden sie in einem andern Sinn verwendet, durchgängig flacher. Und was sie dort dem Menschen an Gutem bringen, erweist sich auf Dauer als wenig tragfähig.

Freiheit: Sie bedeutet auf der spirituellen Ebene, unabhängig zu sein von körperlichen oder psychischen Bedürfnissen und von geistigen Zwängen. – Für das Ego dagegen ist es ein Normalzustand, unerfüllte Wünsche zu haben oder irgendeinen Mangel zu empfinden. Freiheit bedeutet hier meist Libertinismus – konkret: sich möglichst viele Wünsche ungehemmt erfüllen. Ein mit dem Göttlichen verbundener Mensch jedoch findet sich vor in einem Grundgefühl von Fülle. Deshalb muss er um nichts kämpfen, muss mit niemandem rivalisieren, kann leichten Herzens teilen. Bei Paulus klingt diese Freiheit in Phil 4,11-13 an: „Ich habe gelernt, mich mit dem zu begnügen, was ich vorfinde. Ich kann arm sein, und ich kann reich sein. Mir ist alles und jedes vertraut, satt sein und hungern, Überfluss haben und Mangel leiden. Alles vermag ich durch den, der mich stark macht."

Liebe: Sie ist der zentrale Ausdruck für eine lebendige Verbindung. In ihrer spirituellen Form, der Agape, steht sie für das Verbundensein mit dem Göttlichen und mit aller Kreatur; und damit gegen alle Trennung („Sünde"). Und natürlich steht sie gegen alle Nicht-Akzeptanz und Selbstsucht, von der ja die Liebe in ihrer Ego-Ausformung als Eros und Sexus nicht frei ist. Für diese ist typisch, dass sie das Geliebte besitzen wollen. Und oft ist in ihnen ein Mensch davon abhängig, wieder geliebt zu werden. Die Agape ist frei davon. Auch verhindert sie Scham, schlechtes Gewissen und Selbstabwertung. Sie erübrigt alle Gebote: „Die Liebe tut dem Nächsten nichts Böses. So ist nun die Liebe des Gesetzes Erfüllung" (Rö 13,10).

Glaube und Vertrauen: Sie sind die Alternative zur Angst; und zugleich ihr Heilmittel. Die Angst ist ja die größte Hypothek einer vom Ego bestimmten Existenz, weil Leben schlechterdings nicht in den Griff zu kriegen ist. Vertrauen und Glaube an Menschen können immer enttäuscht werden, ja alles Irdische ist unsicher. Wo aber ein hingebungsvoller Glaube an Gott lebt, darf alles geschehen, ohne dass es im letzten den Menschen zerstören kann. Mit einer Gottesrede aus Jes 43,2: „Wenn du durch Wasser gehst, will ich bei dir sein, dass dich die Ströme nicht ersäufen sollen. Und wenn du ins Feuer gehst, sollst du nicht brennen, und die Flamme soll dich nicht versengen."

Hoffnung: Sie ist eigentlich eine Form des Glaubens – die auf die Zukunft gerichtete. Sie ist hilfreich, wo eine Krise einen Menschen verzagen oder verzweifeln lässt. In Notzeiten werden ja Menschen von negativen Gefühlen überschwemmt, identifizieren sich damit und können nur noch schwarz sehen. Wenn jemand davon betroffen ist, erscheinen ihm Verzagtheit oder Verzweiflung die einzig möglichen Reaktionen auf sein Geschick. Die Hoffnung aber kann die Zeit des Zweifels und der Verwirrung bis zu ihrer Auflösung überbrücken.

Auch das Ego kennt Hoffnung. Typisch für seine Form ist, dass sie sich von bestimmten Ereignissen abhängig macht: „Wenn das Erwartete eintritt, dann wird es mir wieder gut gehen." Hoffnung auf der spirituellen Ebene dagegen braucht keinen konkreten Inhalt, sondern besteht in einer vertrauensvollen, gelassenen Grundhaltung, die Gott alles Gute in der Zukunft zutraut, was auch immer es sein mag.

Wahrheit: Sie offenbart auf der spirituellen Ebene das eigentliche, das göttliche Wesen des Menschen und erschließt die ganze Tiefe der göttlichen Welt. Auch steht sie dafür, dass irgendwann alles ans Licht kommt, was Menschen aus Angst oder Kalkül verdrehen, heucheln oder verdrängen (das ist vermutlich die ursprüngliche Bedeutung von göttlichem „Gericht"). Jesu Streit mit den Pharisäern und Schriftgelehrten, in dem er ihre heuchlerische Frömmigkeit bloßstellt, macht deutlich, dass auch religiöse Gedanken und Handlungen vom Ego bestimmt sein können – eine ständige Anfrage an die Kirche in Geschichte und Gegenwart: Wo ist sie mit Machtstreben, Rechthaberei und Lieblosigkeit dem Ego gefolgt (womöglich unter dem Deckmantel der Ordnungsstifterin oder Wahrheitskämpferin)?

Freude: Auf der spirituellen Eben ist diese ständig gegenwärtig, ist nicht abhängig von Stimmungen oder äußeren Gegebenheiten. Mit einem Liedvers: „Weicht, ihr Trauergeister, denn mein Freudenmeister, Jesus, tritt herein. Denen, die Gott lieben muss auch ihr Betrüben lauter Freude sein" (EG 396,6). Das Ego hat es nötig, immer wieder Anlässe zum Freuen zu konstellieren, oder es vertröstet sich in freudloser Gegenwart auf eine bessere Zukunft (die aber ja immer ungewiss ist).

Demut: Sie ist bereit, sich hingebungsvoll unterzuordnen. Das Ego mag sie nicht – aus einem elementaren Grund. Man könnte ja fragen: Wenn die oben genannten spirituellen Werte so positiv für das Leben sind – warum übernimmt das Ego sie nicht? Antwort: Das Ego schafft die Voraussetzung nicht, denn es kann sich nicht demütig unterordnen, kann sich nicht hingeben. Es will – „auf Teufel komm raus" – dominant sein. Andernfalls hat es Angst unterzugehen. Es will alles unter Kontrolle haben, auch die spirituellen Entwicklungen. Es will „sein wie Gott" (wie es im Sündenfallmythos heißt), will im Grunde über Gott verfügen. Weil das wesensmäßig nicht sein kann, hat es von seiner Natur her ablehnende Gefühle und negierende Gedanken Gott gegenüber und wünscht ihn weit weg. Oder es baut ihn so in ein Gedankensystem ein, dass er nicht mehr stört. Oder es verdrängt ihn. Deshalb hat Religion es so schwer bei den Menschen – es sei denn, sie paktiert mit dem Ego! Das hat die Kirche immer wieder getan, etwa indem sie sich in den Dienst der Herrschenden oder der Reichen gestellt hat.

In diesem Zusammenhang hat die (oft inflationär gebrauchte) Gottes-Anrede „Herr" ihren Sinn, ebenso die Rede Jesu von der „Gottesherrschaft": Gott muss Herr sein über das Ego, sonst ist er nicht Gott. Auf gleicher Linie liegt das 1. Gebot: „Ich bin der Herr, dein Gott. Du sollst nicht andre Götter haben neben mir" – also: Du sollst weder das Ego als Götzen haben noch vom Ego kreierte Ersatz-Götter (wie Besitz, Machtposition, die Nation oder die eigene verabsolutierte Religion oder Konfession – sie alle machen unfrei).

In der Demut erkennt ein Mensch das Göttliche als das Höchste an, ist bereit, sich von der göttlichen Wahrheit in Frage stellen zu lassen und Gott zu dienen. Wenn es gut läuft: *mit* seinem Ego, das bei richtigem Gebrauch zu einem nützlichen Instrument werden kann. Und paradoxer Weise fühlt man sich dabei frei und glücklich. Mag Demütigung unter einen andern Menschen erniedrigend und entehrend sein – „Gott zu dienen ist höchste Freiheit" (Augustin).

Wie mit dem Ego umgehen?

In all diesen Zusammenhängen macht das Ego eine denkbar schlechte Figur. Um so größer ist die Versuchung, es zu „verteufeln" und massiv zu bekämpfen. Aber das ist aus zwei Gründen nicht sinnvoll:

- Ein unterdrücktes, bekämpftes und geängstetes Ego rächt sich und wehrt sich mit Wut, List und Tücke oder auch durch Selbstbeschädigung, bis hin zum Suizid. Es ist ständig bemüht, größer zu werden, weil es sich subjektiv

immer zu klein fühlt. Dabei ist es unendlich erfindungsreich. (Schwierige Jugendliche bieten manchmal das Bild eines misshandelten Egos.)
- Es sei daran erinnert, dass das Ego auch eine Schöpfungsgabe ist und im Leben eine wesentliche und nützliche Funktion hat.

Wie können wir ihm den Ort geben, den es sinnvoller Weise einnehmen darf und soll?

1. Ein Schlüssel dafür, dass das Ego seine guten Möglichkeiten entfalten kann, ist die Liebe. Es wird zwar unvermeidbar sein, ihm durch Normen immer wieder Grenzen zu setzen. Aber das ist eigentlich ein Notbehelf. Ein Ego, das sich geliebt fühlt, ist meistens friedlich und muss nicht mehr kämpfen. Wenn ein Mensch sich selbst so lieben kann, wie Gott ihn liebt, ist sein Ego klein und still. Auch die Praxis Jesu zeigt, dass nicht Ausgrenzung, sondern Integration des Egos gefragt ist. Seine Gegner sagen konsterniert von ihm: „Dieser nimmt die Sünder an und isst mit ihnen."

2. Eine hilfreiche Übung zur Einordnung des Egos kann darin bestehen, dass wir versuchen, auch schwierige Gefühle zu lieben, die wir an uns nicht mögen (sie nicht bekämpfen!); also etwa Groll, Kränkung, Eifersucht oder Angst quasi liebevoll in den Arm zu nehmen – dann können sie am ehesten harmlos klein werden.

3. Eine andere, sehr effektive Übung besteht darin, das Ego einfach nur bewusst wahrzunehmen: wie es tätig ist und wie es funktioniert; also es zu beobachten – etwa so, wie man interessiert einem Kind bei seinem Spiel zusieht. Wichtig ist, dass das ohne Bewertung geschieht, lediglich mit einer neutralen Wahrnehmung: Aha, da ist also mein Ego am Werk!
Es lohnt sich, dabei im Besonderen seine Aufmerksamkeit darauf zu richten, dass man sich nicht identifiziert mit starken Gefühlen, mit seiner Arbeit oder mit Dingen, die einen sehr beschäftigen. Sie gehören zu unserm Leben, aber das Ego soll uns durch sie nicht beherrschen, schon gar nicht „besessen" machen.

4. Eine letzte Übung besteht darin, sich ganz auf die Gegenwart zu konzentrieren, seine bewusste Wahrnehmung darauf zu richten: Was ist jetzt – in diesem Augenblick? Das Ego beschäftigt sich gern mit der Vergangenheit und mit der Zukunft, über die wir aber ja nicht verfügen können. Mit einem alten Wort von Andreas Gryphius:

> „Mein sind die Jahre nicht, die mir die Zeit genommen.
> Mein sind die Jahre nicht, die etwa möchten kommen.
> Der Augenblick ist mein, und nehm' ich den in acht,
> so ist der mein, der Jahr und Ewigkeit gemacht."

5. Schließlich sollten wir damit rechnen, dass Gott sein Teil tut, um ein wucherndes Ego zu stutzen und es Demut zu lehren. Er lässt Misserfolge, Verluste, Leiden u.ä. ihr Werk tun. [14] Das Ego wird sich dagegen wehren, vielleicht dagegen wüten. Das beste, was wir tun können, ist, demütig ja zu sagen zu dem, was kommt – aus der Einsicht, dass Gott uns oft durch unser Geschick in unsere Tiefe führen will, zur Wahrheit, die Bestand hat, auf die spirituelle Ebene und damit zu sich.

5. Sich von überholter kirchlicher Tradition lösen – neues Wachstum wagen

Kirchen sind konservativ. Damit rechnet man allgemein. Manche lieben ihre Kirche dafür, dass sie das Alte bewahrt, denn das vermittelt ein gewisses Sicherheitsgefühl. Sie erwarten keine Impulse zur Veränderung oder zum geistlichen Wachstum von ihr, sondern Bestätigung des Bestehenden. Und in der Tat: Am Gottesglauben festzuhalten ist etwas Wertvolles.

Andere wiederum verlassen die Kirche deswegen, weil sie sich so viel mit alten Dingen beschäftigt, so viel um sich selber kreist, weil sie so wenig Hilfe für das heutige Leben gibt und so wenig Antworten auf Fragen der Zeit.

In gewisser Hinsicht ist der kirchliche Hang zur Tradition verständlich, betrifft er ja auch nicht nur die christliche Religion, sondern ebenso andere, bei denen am Anfang ein einflussreicher Religionsstifter stand: Mose, Buddha, Mohammed oder eben auch Jesus. Ihren Schülern und Nachfolgern fiel ganz selbstverständlich die Aufgabe zu, das Offenbarte zu hüten und weiterzugeben. So begann eine Traditionskette. Aber als bedauerliche Folge stellte sich oft ein, dass es nicht mehr zu neuen Offenbarungen und Einsichten kam. Oder sie wurden unterdrückt – die Tradition war absolut dominant.

Der Religionsstifter Jesus weist u.a. zwei Besonderheiten auf:
1. Bei ihm haben auch Kinder und religiös Ungebildete eine wesentliche Autorität, ja Vorbildfunktion (so etwa ein heidnischer Hauptmann). [15] Jesus ging anscheinend davon aus, dass sich auch in ihnen spirituelle Weisheit herausbilden kann, nicht nur bei den theologisch Gebildeten.
2. Sein Wirken ist von Konflikten durchzogen. Er kämpfte um Wahrheit und Liebe, meistens mit Pharisäern und Schriftgelehrten, den Vertretern der herkömmlichen Religion. Er focht manchmal mit scharfen Worten, aber ohne Gewalt.

Von beidem ist die spätere Kirche abgewichen. Es scheint so, als ob es in ihr schon früh keinen Prophetismus, keine Offenbarungen, keine neue Gotteserkenntnis mehr gegeben hat. Zwar hat man außer den vier Evangelien einer Anzahl christlicher Schriften einen Offenbarungsrang zuerkannt, besonders den Paulusbriefen. Aber spätestens, nachdem es im 2./3. Jahrhundert zur Entstehung eines Kanons gekommen war, scheint es so, als ob der spirituelle Strom versiegt sei. Hat Gott seitdem geschwiegen? Oder waren

Menschen in den letzten 1800 Jahren unfähig, göttliche Botschaften zu empfangen? Undenkbar.

Wohl aber ist es erklärbar, dass es bei der bloßen Weitergabe der Tradition blieb. Wo immer jemand von göttlichen Eingebungen sprach, wurde das als Störung, ja als Gefahr für die Kirche empfunden: Streit und Spaltung hätten ihr drohen können. Und da sie sich früh zu einer Institution mit weltlicher Macht entwickelte, wurde neue „Propheten" mit Gewalt unterdrückt – verständlich, dass die meisten schwiegen, die etwas hätten sagen können.

Nun war in der Tat nicht auszuschließen, dass es sich auch um Pseudopropheten handeln konnte. Aber Jesus hat den Kampf um die Wahrheit gewaltlos geführt, während in der alten Kirche „Ketzer" mit Folter und Scheiterhaufen rechnen mussten. So kam es dazu, dass der Kirche Verjüngung und neue spirituelle Erkenntnisse für die jeweilige Zeit verloren gingen. Sie verarmte geistlich. Die Folgen sind bis heute spürbar, wenn Menschen sich enttäuscht von der Kirche abwenden, weil sie – so die häufige Kritik – ihren „Dogmatismus" pflege und immer dasselbe Alte wiederhole.

Veränderungen in der Reformationszeit

Hat sich durch die Entstehung der evangelischen Kirche etwas geändert? Martin Luther konnte das alte grausame System nur deshalb überleben, weil er mit seinen ketzerischen Gedanken in eine historisch günstige Zeit kam, in der deutsche Fürsten motiviert waren, ihn zu beschützen. Zwar vertrat er das Motto: „Nicht mit Gewalt, sondern durch das Wort." Aber auch im Luthertum wurden spirituelle Erkenntnisse, die nicht schon geläufig waren, bald wieder unterdrückt. Eine Schlüsselrolle nahmen und nehmen dabei bis heute die Bekenntnisschriften ein.

Ihre Autorität ist nachvollziehbar: Man suchte in der sich neu organisierenden Kirche eine Identität und Einigkeit im Hinblick auf Lehrinhalte. Luther und einige seiner Schriften genossen dabei hohes Ansehen (z.B. der Kleine und Große Katechismus). Andere Bekenntnisse wurden aus der alten Kirche übernommen (wie das Apostolische Glaubensbekenntnis). Wieder andere entstanden aus einer aktuellen Situation, so z.B. das Augsburgische Bekenntnis (abgekürzt CA = Confessio Augustana), das bis heute in den lutherischen Kirchen das bedeutungsvollste ist. An ihm möchte ich exemplarisch aufzeigen, dass die evangelische Kirche sich unnötig in eine schädliche Gefangenschaft begeben hat.

Die negative Auswirkung der CA wurde mir einmal schlagartig vor Augen geführt, als ich den Anruf einer aufgebrachten Frau erhielt, die auf das neuerdings im Evangelischen Gesangbuch abgedruckte Bekenntnis gestoßen war und entsetzt fragte: „Ist das wirklich unser Glaube?“ In Artike heißt es da: „Weiter wird bei uns gelehrt, dass nach Adams Fall alle natürlich geborenen Menschen in Sünde empfangen und geboren werden, das heißt, dass sie alle von Mutterleib an voll böser Lust und Neigung sind und von Natur keine wahre Gottesfurcht, keinen wahren Glauben an Gott haben können, ferner dass auch diese angeborene Seuche und Erbsünde wirklich Sünde ist und daher alle die unter den ewigen Gotteszorn verdammt, die nicht durch die Taufe und den Heiligen Geist wieder neu geboren werden“ (EG 808).

Das ist tatsächlich bis heute verbindliche Lehre der lutherischen Kirche. Und die CA wird in innerkirchlichen Konflikten durchaus als Entscheidungsbasis genutzt. Meist gilt in ihnen: Wer ein CA-Zitat parat hat, besitzt damit einen Joker, der immer sticht. Als vor ein paar Jahren ein hochrangiges Gremium der Landeskirche Hannovers sich mit dem Pfarrerbild beschäftigte, begnügte man sich mit Zitaten aus der CA. Das Neue Testament und die Jesusüberlieferung spielten keine Rolle. Gerade auf sie aber stützte sich Luther in seinem Kampf um die Wahrheit („sola scriptura – allein die Schrift“). Das ist heute auch für uns eine Chance, und zwar um so mehr, weil wir dank der gründlichen Erforschung der Bibel viel besser erfassen können, was Jesus gesagt und gewollt hat.

Wie fragwürdig es ist, sich allein von alten Bekenntnissen leiten zu lassen, zeigt ein Blick auf die Entstehungsgeschichte der CA. Sie wurde für den Reichstag von Augsburg 1530 verfasst. Die evangelische Seite arbeitete darauf hin, vom Kaiser geduldet zu werden, und darum wurden Gemeinsamkeiten mit der katholischen Kirche betont. Dafür war Melanchthon als Hauptverfasser der richtige Mann, nicht nur wegen seiner Formulierkunst, sondern auch wegen seines harmonisierenden Wesens. Luther, der als Geächteter und Gebannter im Hintergrund bleiben musste, mochte an der Schrift nichts ändern, „würde sich auch nicht schicken, da ich so sanft und leise nicht treten kann,“ wie er im Hinblick auf Melanchthon bemerkte.

Fragwürdige Bekenntnisschriften

Also: Die CA ist deutlich ein Kind ihrer Zeit, die bestenfalls in einer spezifischen historischen Situation ihren Zweck erfüllt hat. Das gilt übrigens für alle alten Bekenntnisse: Sie sind fast immer aus einem innerkirchlichen Konflikt entstanden, und ihre Formulierungen – mögen sie auch fromm klingen – geben die Meinung der siegreichen Partei wieder.

Das betrifft auch das Apostolische Glaubensbekenntnis, das in vielen Gottesdiensten sonntäglich gesprochen wird. Es hat heute seinen spezifischen Wert als gemeinsames Dokument der meisten christlichen Kirchen. Aber als zentrales Bekenntnis unserer Kirche ist es völlig unzureichend: Manches ist fragwürdig formuliert, Wesentliches fehlt. Das ständige Bemühen in vielen Gemeinden, den Mitgliedern in Seminaren den Text nahe zu bringen, ist eigentlich vergebliche Liebesmüh. Die Zeit ließe sich mit Wichtigerem nutzen.

Man könnte einwenden: Eine Konfession braucht etwas, woran man sie erkennen kann. In der Tat, und das können Bekenntnisschriften durchaus leisten. Aber dann nicht als unabänderliche und ewige Wahrheiten, sondern sinngemäß: Von diesen alten Bekenntnissen kommen wir her – was nicht heißt, dass wir uns mit allen Inhalten heute noch identifizieren.

Lehraussagen werden sich unvermeidlich ändern, und Akzente müssen jeweils neu gesetzt werden, wenn eine Kirche den Herausforderungen ihrer Zeit gerecht werden will. Luther mahnte das an mit seinem „ecclesia semper est reformanda" – Kirche muss immer reformiert werden. Er zögerte auch nicht, alte Lehrentscheidungen als falsch zu bezeichnen, und behauptete, dass sogar der Papst und Konzile irren können. Er spitzte zu: „Darum irret allein der Herr Christus nicht, aber die christliche Kirche kann irren." Das würde heute bedeuten: Auch Luther und Bekenntnisschriften können irren.

Warum aber des zähe Festhalten an alten Dokumenten? Es entspricht wohl einem urmenschlichen Bedürfnis, eine feste Position zu haben, die – mindestens in den eigenen Reihen – auch anerkannt ist. Das hat zwar schlechterdings nichts mit Glaubensgewissheit (certitudo) zu tun. Aber Sicherheit (securitas) in theologischen Dingen ist attraktiv. Bekenntniszitate vermitteln Ansehen und das subjektive Gefühl, der reformatorischen Tradition treu zu sein. Aber gleichzeitig wird eben damit der Geist der Reformation verraten. Denn der forderte statt Autoritätshörigkeit den Mut zu eigenverantwortlichen Gewissensentscheidungen. Die aber scheinen immer schwerer zu werden, je höher jemand in der kirchlichen Hierarchie steigt:

vielleicht aus Angst vor dem Vorwurf, das übernommene kirchliche Erbe schlecht zu verwalten? Und entsteht deshalb das Bedürfnis, sich in der Tradition zu bergen, in einem scheinbar sicheren Hort?

Aber heute schwindet bei den Menschen die Toleranz, sich mit althergebrachten Texten und Denkmustern zufrieden zu geben. „Das Christentum ist eine Erinnerungsreligion," sagte eine kirchenleitende Persönlichkeit. Das mag sie auch sein, kann aber doch nicht bedeuten, dass sie sich in heillose Abhängigkeit von der Tradition begibt. Das hieße doch: dem göttlichen Geist in der Gegenwart nichts zuzutrauen. Vom früheren britischen Premier Macmillan gibt es den Satz: „Tradition ist kein Sofa, sondern ein Sprungbrett." Ein Paulus-Zitat, das sich auf die gegenwärtige Situation der Kirche anwenden lässt, drückt es ernsthafter aus: „Der Buchstabe tötet, aber der Geist macht lebendig" (1. Kor,3,6). Angesichts der vitalen religiösen Veränderungen in unserer Zeit stellt sich die Frage, wie viel Tötendes sich die Kirche leisten kann.

Das Pfarramt als Hort der Tradition?

Das Erscheinungsbild der Kirche wird wesentlich von denen bestimmt, die hauptberuflich in ihr arbeiten, besonders von den Pfarrerinnen und Pfarrern. Die meisten arbeiten engagiert, sind überwiegend aber dabei dem Traditionellen verhaftet. Oft sind sie weniger für neue spirituelle Entwicklungen aufgeschlossen als viele ihrer Gemeindemitglieder. Dafür gibt es verschiedene Gründe:

1. In der Ausbildung junger Theologinnen und Theologen an der Universität steht fast ausschließlich die Beschäftigung mit alter kirchlicher Tradition auf dem Programm (Kirchengeschichte, Altes und Neues Testament, Dogmengeschichte; großenteils trifft das auch auf die Beschäftigung mit Dogmatik zu). Der Werdegang der Professoren wiederum bringt es mit sich, dass die theologischen Fakultäten überwiegend konservativ ausgerichtet sind: Nicht Inspiration und Kreativität sind gewöhnlich gefragt, sondern umfassendes Wissen von dem, was seit alters her geschrieben steht und was neu publiziert wurde.

2. Bei ihrer Amtseinführung werden die Theologinnen und Theologen auf die alten Bekenntnisschriften verpflichtet. Diese sind zwar meist gar nicht genau bekannt, und vielleicht will man sie auch gar nicht so genau kennen, denn sonst würde offenbar, dass die persönliche Überzeugung mit den alten Formulierungen schwer vereinbar ist. Aber als latente Fesselung bleiben die Bekenntnisschriften wirksam. Jeder weiß, dass er im Konfliktfall an

ihnen gemessen würde und im Ernstfall aus dem Amt entfernt werden könnte.

3. Pfarrerinnen und Pfarrer sollen ganz unterschiedlichen Gemeindemitgliedern gerecht werden. Wer eher progressiv ist und neuen Impulsen von außen oder auch aus seinem eigenen Inneren folgt, wird bei einem Teil der Gemeinde (und vielleicht auch der Kirchenleitung) auf Befremden oder Widerstand stoßen. Wer aber beim Traditionellen bleibt, scheint auf der sicheren Seite. Dabei kann freilich eine Haltung entstehen, die einem Schillerwort nahe ist: „Ich hab' hier bloß ein Amt und keine Meinung." Dann werden freilich Ausstrahlung und Überzeugungskraft verringert sein.

Viele Gemeindemitglieder dagegen fühlen sich frei, gelernte Glaubensinhalte zu verändern. Dadurch sind sie dann ihren Pfarrerinnen und Pfarrern in der spirituellen Entwicklung manchmal voraus. Das ist durchaus zu begrüßen. Freilich fühlen Pfarrer sich oft gedrungen, die „Abweichler" zurück in die kirchliche Ordnung zu rufen oder sie zu diskriminieren („Patchwork-Religion"). Denn die Freiheit, die man sich selber verbietet, kann man schwerlich andern zugestehen. So kommt es dazu, dass man zwar einen religiösen Aufbruch in der Gesellschaft beobachten kann, dass der aber an der Kirche vorbei geht.

Alternativen zur Traditionsgebundenheit

Nehmen wir einmal an, wir würden das, was in der Kirche an Tradition gewachsen ist, zwar achten als Dokumente früher gelebten Glaubens, die dogmengeschichtlich interessant sind, aber wir würden sie nicht mehr als das Fundament heutiger kirchlicher Arbeit gelten lassen. Was könnte die Alternative sein? Was soll leitender Maßstab sein in der Kirche? Ich sehe mehrere Möglichkeiten:

Als erstes ist zu nennen die Jesus-Überlieferung. Sie ist grundsätzlich zu unterscheiden von der in der späteren Kirche entstandenen Tradition. Diese war ja weithin der Versuch, das Ursprüngliche, nämlich die Worte, Taten und Person Jesu, zu interpretieren – im Kontext ihrer Zeit und darum zeitgebunden. Mir scheint, dass die Jesus-Tradition im Verhältnis zu ihrer historischen Bedeutung und ihrer enormen Aussagekraft eine merkwürdig geringe Rolle in der Kirche spielt. Das Jesus-Buch von Papst Benedikt VI. bestätigt das, insofern seine Auslegungen oft auf eine Bestätigung der katholischen Tradition hinauslaufen.

Einer der Gründe dafür könnte sein, dass in der Jesus-Tradition eine Fremdheit und Radikalität leben, die schwer in das Alltagsleben zu übertragen sind: Man denke an die Bergpredigt oder an die Wundergeschichten. –

Ein anderer Grund: Es finden sich in den Evangelien manche Widersprüche, und im Einzelnen ist nicht leicht auseinander zu halten, was in der Überlieferung echt oder unecht ist. Erfreulicherweise hat aber die historisch-kritische Bibelwissenschaft hier gute Vorarbeit geleistet. Dadurch kann man oft echte Jesusworte von Veränderungen und späteren Zusätzen unterscheiden. Auch ist es möglich, Themenkreise, die Jesus wiederholt angesprochen hat, herauszukristallisieren und dadurch Maßstäbe zu gewinnen. [16]

Kurz: In den Worten und Geschichten von Jesus haben wir ein tragfähiges Fundament für ein christliches Leben und für eine kirchliche Gemeinschaft, das allen tradierten Dogmen und Bekenntnissen aus späterer Zeit weit überlegen ist. Der Jesustradition würde ich die (echten) Briefe zur Seite stellen, die von Paulus überliefert sind, da er Jesus wohl am besten verstanden hat (mit gewissen Einschränkungen dort, wo seine frühere rabbinische Ausbildung sich in den Vordergrund drängte).

Wachstum statt Traditionspflege

Eine an innerkirchlichen Traditionen orientierte Kirche ist zwangsläufig rückwärts gewandt: Wesentliche Aufgabe ist es dann, das Überlieferte zu bewahren. Als Alternative dazu ist vorstellbar eine nach vorn gerichtete Kirche, und das heißt: eine auf Wachstum ausgerichtete Kirche. Gewiss, auch in der gegenwärtigen Kirche ist man an Wachstum interessiert. Aber dabei geht es meistens um ein Mehr an Gemeindemitgliedern, Kollekteneinnahmen, Gottesdienstbesuchern, Abendmahlsgästen usw. – lauter nur an der Oberfläche bedeutsame Faktoren, die hier nicht gemeint sind.

Jesus hat eine Reihe von Wachstumsgleichnissen erzählt, [17] und gedacht ist dabei immer an das Wachstum des Reiches Gottes. Der Begriff ist für uns heute nicht leicht zugänglich, aber so viel ist deutlich: Es geht dabei um Gottes ureigenste Aktivität in unserer Welt, um etwas sehr dynamisch Wirksames, und es geht darum, dass Menschen sich mehr und mehr der sie umgebenden Sphäre göttlicher Gegenwart bewusst werden („Dein Reich komme“). Wachstum kann heißen, dass zunehmend mehr Menschen davon erfasst sind oder dass einzelne Menschen intensiver ergriffen sind. Dabei sind die Kirchen dieser Erde lediglich Hilfsmittel, um zu dieser Bewusstheit zu gelangen. Darum dürfen sie nur in zweiter Linie wichtig sein, zumal das menschliche Ego an ihrer Gestaltung immer stark beteiligt ist. Sie dürfen stark oder schwach sein, kommen oder gehen: Das berührt das Eigentliche, das Reich Gottes, nicht in seinem Kern. Daraus könnte den Kirchen eine große Freiheit erwachsen: Sie müssten sich nicht so viel um ihre Existenz sorgen und brauchten sich nicht so sehr mit sich selbst zu beschäftigen, wie das gerade in den letzten Jahren geschehen ist.

Konkret bedeutet das heute: Man sollte die scheinbar riesigen Veränderungen in der kirchlichen Landschaft, die durch Verknappung der Einnahmen ausgelöst sind, nicht zu wichtig nehmen. Entscheidend ist: Wie sieht es bei uns mit dem Wachstum des Reiches Gottes aus, dem Wachstum von Glaube und Liebe, Wahrheit und Freiheit, Demut, Hoffnung und Freude? Und: Wie kann die Geldverknappung dem dienen? Denn alles Geschehen soll und kann diesem Ziel dienen.

Persönliches Wachstum

Der Wachstumsgedanke ist auch auf den einzelnen Menschen anzuwenden. Beispielhaft sichtbar wird das dem Menschen bestimmte Wachstum am Körper: Aus dem Säugling wird das größere Kind und schließlich der „Erwachsene".

Aber damit hört es nicht auf. Offenbar gehören zum göttlichen Wachstumsprozess auch die Rückbildung und das Vergehen – erfahrbar in der Natur an allem, was wächst, und gleichermaßen am alternden und sterbenden Menschen. Das ist ein Prozess, der in unserer Zeit besonders schwer zu akzeptieren ist. Darum wird unendliche Mühe auf das Erhalten des Bestehenden verwendet (z.B. auf Lebensverlängerung). Dabei gerät leicht die nächste Station des Prozesses aus dem Blick: Es gehört ja zum göttlichen Wachstumsprinzip, dass nach dem Tiefpunkt etwas Neues beginnt – sichtbar in der Natur besonders im Frühling; und zu glauben und zu hoffen ebenso beim Menschen nach seinem Tod.

Wie aber kommt es zu Wachstum auf der spirituellen Ebene? Einerseits durch Vorbilder und durch Anregungen von außen; ebenso aber – was oft unterschätzt wird – durch geheimnisvolle Impulse aus dem eigenen Inneren. Zu einer Steigerung kommt es, wenn Lebenserfahrungen fruchtbar verarbeitet werden. Dabei zeigt sich, dass besonders von intensiven Gefühlen starke Impulse ausgehen, vor allem von tiefem Schmerz und von tiefer Liebe.

Hier geht es ja um das ureigenste Arbeitsfeld der Kirche. Allerdings zeigt sich: Inneres Wachstum des Menschen ist in der Kirche allenfalls am Rande ein Thema. Relativ aktiv geschieht Entwicklungsförderung auf der geistig-mentalen Ebene, in der Vermehrung religiösen Wissens: im Konfirmanden- und Firmunterricht, im Religionsunterricht und in Erwachsenenbildungsseminaren. Gottesdienstliche Veranstaltungen wiederum haben statt Wachstum nicht selten den Tenor: den Glauben bewahren oder: am

Glauben festhalten. [18] Wünschenswert wäre, dass Kirchenmitgliedschaft immer Teilhabe an einem existenziellen Lernprogramm wäre: sich selbst zu verstehen als einen Menschen, der sich in einem ständigen inneren Wachstum befindet. Durch Lebenskrisen wird es besonders herausgefordert.

Bei Paulus gibt es eine interessante Stelle, aus der ersichtlich wird, dass er mit Wachstum rechnet und dass es für die Arbeit mit Menschen wichtig sein kann, ihren jeweiligen Wachstumsstand zu berücksichtigen: „...ich konnte nicht zu euch reden wie zu geistlichen Menschen, sondern wie zu fleischlichen, wie zu unmündigen Kindern in Christus. Milch habe ich euch zu trinken gegeben und nicht feste Speise; denn ihr konntet sie noch nicht vertragen. Auch jetzt könnt ihr's noch nicht, weil ihr noch fleischlich seid" (1. Kor 3,1ff). Die Sätze könnten bei den Empfängern Ärger hervorgerufen haben, aber vielleicht haben sie auch den Wunsch nach Wachstum geweckt und eine Ahnung vermittelt: Ganz Wichtiges steht noch aus!

Ein vergleichbares Wort gibt es vom johanneischen Christus: „Ich habe euch noch viel zu sagen; aber ihr könnt es jetzt nicht ertragen. Wenn aber jener, der Geist der Wahrheit, kommen wird, wird er euch in alle Wahrheit leiten" (Joh 16,12f). Hat der Wachstumsgedanke normalerweise etwas Vorantreibendes, so erscheint hier auch der Gegenpol: Menschen sollen nicht überfordert werden, sondern spirituell genährt werden mit einer ihrem Entwicklungsstand angemessenen Kost. Scheint es bei jemandem nicht voranzugehen, ist das kein Grund zu Vorwürfen, auch nicht zu Selbstvorwürfen. Der göttliche Geist ist aktiv und tut sein Teil, dass Menschen zur rechten Zeit in einen neuen geistlichen Raum geführt werden.

Wachsen an einem harten Schicksal

Ein bleibendes und letztlich wohl unvermeidliches Problem ist das der Theodizee, das sich oft in der enttäuschten oder empörten Frage äußert: „Wie kann Gott das zulassen?" Und häufig steckt darin der Grund für die Abkehr von Gott und auch für die Schlussfolgerung: „Die Kirche gibt mir nichts."

Zur kirchlichen Tradition gehört weithin die theologische Vorstellung, menschliche Aufgabe sei es, sich unter ein hartes Geschick beugen. Man sei gezwungen, es hinzunehmen. Darin lebt die alte mosaische Forderung nach Gehorsam, nicht aber eigentlich der vertrauensvolle Glaube im Sinne Jesu. Die Folge ist oft eine depressive oder latent aggressive Stimmung. Auch hier bietet der Wachstumsgedanke eine fruchtbare Alternative.

Im Neuen Testament gibt es ja verschiedene Ansätze, die ein leidvolles Geschick positiv erscheinen lassen. Allen voran die Seligpreisungen Jesu:

„Selig sind die Armen... Hungernden... Leid Tragenden" usw. Darin liegt die Zuversicht, dass das, was zunächst Belastung war, zu einer neuen Freude führen kann. Das erleben Menschen ja auch heute: Wie sich z.B. eine Krankheit zu etwas Segensreichem entfaltet; wie ein Verlust unerwartete Impulse für eine positive Veränderung bringt; wie sogar der spürbar nahe Tod manchmal zu einer bis dahin unbekannten Gelassenheit führen kann, wenn nicht sogar zur Freude.

Einen ähnlichen Ton schlägt Paulus an, wenn er schreibt: „Wir wissen, dass denen, die Gott lieben, alle Dinge zum Besten dienen" (Rö 8,28). Dabei denkt er vermutlich vor allem an ungewolltes Geschick. Zur Bewältigung kann es zunächst unvermeidlich sein, dass ein Mensch durch einen Trauerprozess gehen muss, und dazu können Aufbegehren, Traurigkeit, Verzagtheit gehören – aber hoffentlich nur vorübergehend. Auch ein hartes Geschick soll letztlich „zum Besten dienen", es soll uns voranbringen.

Wohin bringt es uns? Eine Antwort steckt in einem Satz aus dem Epheserbrief: „Lasst uns aber wahrhaftig sein in der Liebe und wachsen in allen Stücken zu dem hin, der das Haupt ist, Christus" (4,15). Es geht also um persönliche Weiterentwicklung, wobei Ziel und Maßstab die Gestalt Jesu ist, in dessen Menschsein sich Leben, Glauben und Lieben zu höchster Reife entwickelt haben. Es mündete – beispielhaft für uns – in das Herauswachsen aus dem Tod in neues Leben.

Fehlsteuerung vermeiden

Schließlich noch ein Blick in unser wirtschaftliches und politisches Umfeld. Dort ist ja Wachstum ein wesentlicher, aber auch zwiespältiger Begriff: Kontinuierliches Wirtschaftswachstum führt zu Wohlstand und verringert Arbeitslosigkeit. Gleichzeitig meldet sich darin auch ein unersättliches und nie zufriedenes Ego zu Wort und bewirkt extreme Einkommensunterschiede. Und es soll ja nicht nur wirtschaftlich immer aufwärts gehen. Auch im Leistungssport werden wachsende (gesundheitlich schädliche) Anforderungen an den Körper gestellt. In Betrieben setzen zunehmende Erwartungen an intellektuelle und berufliche Kompetenz Menschen unter Stress. Und unter Stress leidet sogar schon ein hoher Prozentsatz der Schulkinder.

Dieses „Immer mehr!", das in uns steckt, bewirkt nicht die erhoffte Zufriedenheit. Aus spiritueller Sicht ist anderes denkbar: Der Wachstumstrieb, der unbestreitbar in uns wohnt, zielt wesentlich auch auf spirituelles Wachstum, auf ein aus der Tiefe sich erfüllendes Menschsein, auf eine sich ständig weiter entwickelnde Kompetenz in Menschlichkeit, letztlich in der Liebe zu sich und anderen. Denn auf dieser Ebene findet ein Mensch zu der

Zufriedenheit und Freude, nach der er sich sehnt. Erschließt sich einem Menschen dieses innere Wachstum nicht, so wird sein Ego unvermeidlich nach Ersatzhandlungen suchen. Die Frage stellt sich: Sind wir in den westlichen Industrienationen Opfer einer riesigen Fehlsteuerung?

Neue Quellen

Es ist (außer der Jesus-Tradition und dem Wachstumsgedanken) noch eine dritte Alternative zur Ausrichtung auf die alte kirchliche Tradition zu nennen: Auch heute gibt es religiös inspirierte Menschen, die – ähnlich wie die alten Propheten – göttliche Botschaften für unsere Zeit empfangen und übermitteln. Dabei kann es sich um spürbar charismatisch begabte Menschen handeln. Ihre Bücher werden normalerweise in der Kirche nicht zur Kenntnis genommen. [19]

Nun gibt es in der Tat auf dem Buchmarkt eine Fülle von Veröffentlichungen, die man dem Themenfeld „neue Spiritualität" zuordnen könnte. So unerlässlich es ist, sie kritisch zu sichten und Spreu vom Weizen zu trennen, so ist es doch auch verfehlt, sie pauschal und hochmütig abzulehnen, wie das oft in der Kirche geschieht. Oben habe ich schon von dem alten Tabu gesprochen, das nach Abschluss des Kanons biblischer Schriften keine neuen Offenbarungen mehr zuließ. Es scheint so, als ob nach der Auflösung des Tabus sich in unserer Zeit die Schleusen weit geöffnet haben.

Aber nicht nur an Charismatiker ist zu denken. Ein fünfjähriger Junge überraschte mich mit der Formulierung: „Gott ist mein allerbester Freund." Meine Nachfrage ergab, dass ihm das so niemand gesagt hatte. Offenbar war es Ausdruck der kindlichen Weisheit, von der schon Jesus gesprochen hat.

Die Kirche ist solchen Phänomenen gegenüber merkwürdig zurückhaltend, wenn sie sie nicht sogar bekämpft. Es scheint dann, dass sie sich um so ängstlicher an die alte Tradition klammert. Wie lange wird das noch möglich sein? Eine religiös aufgeschlossene Studentin sagte kürzlich in einem Gespräch: „In der Kirche wird man nicht ermutigt, Erfahrungen mit Gott zu machen und darüber zu reden. Es geht immer um die Bibel, aber man versteht sie trotzdem nicht." Dabei gibt es doch in der Kirche eine alte Anschauung, die Christinnen und Christen eine unmittelbare Gottverbundenheit zutraut: das Priestertum aller Glaubenden – eine weitgehend ungenutzte Ressource!

6. Priestertum aller Glaubenden – statt Abhängigkeit vom kirchlichen Amt

Noch nie war die Chance, das Priestertum aller Glaubenden zu verwirklichen, so groß wie heute. Gesprochen wird davon seit den Zeiten der Bibel. Es gehört zur katholischen Lehre. Auf dem Programm der evangelischen Kirche steht es seit der Reformation. Aber es ist nie dazu gekommen. Faktisch sind die geweihten oder ordinierten Amtsträger immer unter sich geblieben. Als „Geistliche" bilden sie ein Gegenüber zu den „Laien". Nicht ohne Grund bezeichnen manche die heutige Kirche als Pastorenkirche.

Manche kirchenleitenden Kreise neigen zu einer Stärkung des Pfarrerberufs, wohl nicht zuletzt, weil er bekannt, anerkannt und – last not least – medienwirksam ist. Auch auf katholischer Seite haben sich der vorige und jetzige Papst verschiedentlich für eine Stärkung des Amtspriestertums ausgesprochen.

Aber sind denn ein katholischer Priester und ein evangelischer Pastor vergleichbar? Durchaus. Zwar hat Luther die Priesterweihe abgeschafft. Stattdessen kam in der Reformationszeit die „Ordination" in Brauch, bei der ein theologisch Vorgebildeter mit einem Gemeindeamt beauftragt und gesegnet wurde. Unter der Hand ist aus der Ordination längst eine verkappte Priesterweihe geworden. Konsequenter Weise sehen auch viele evangelische Gemeindemitglieder in ihrem Pfarrer den Priester: den Mittler zwischen Mensch und Gott; den, der den Weg kennt und eine Verbindung herstellt.

Das reformatorische Erbe

Luther hat auf interessante Weise das kirchliche Amt vom neutestamentlichen Gedanken des allgemeinen Priestertums her konzipiert: „Was aus der Taufe gekrochen ist, das kann sich rühmen, schon zum Priester, Bischof und Papst geweiht zu sein, obwohl es nicht einem jeden ziemt, solch Amt zu üben" (WA 6,408). Und: „Wenn wir auch alle Priester sind, so können und sollen wir doch darum nicht alle predigen oder lehren oder regieren. Doch muss man aus der ganzen Menge einige aussondern und wählen, denen solch ein Amt befohlen werde. Und wer es innehat, der ist nun nicht um des Amts willen ein Priester (wie es die andern alle sind), sondern ein Diener aller andern. Und wenn er nicht mehr predigen oder dienen kann oder will, so tritt er wieder in den allgemeinen Haufen zurück, befiehlt sein

Amt einem andern und ist nichts anderes als jeder gemeine Christ“ (WA 41,210).

Das wurde in der lutherischen Kirche nicht durchgehalten. In der heutigen Ordination wird das allgemeine Priestertum nicht nur verbunden mit der öffentlichen Beauftragung (dem Mandat), sondern es wird auch vermengt mit dem geistlichen Akt einer spezifischen Segnung – so entsteht die oder der „Geistliche“ (übrigens – im Gegensatz zu Luthers Vorstellung – mit lebenslangen Ordinationsrechten). Eine Segnung gibt es zwar auch bei Diakoninnen und Diakonen. Aber schon die Begrifflichkeit lässt vermuten, dass deren “Einsegnung“ andrer Art ist als der Ordinationssegen. Da mir nicht vorstellbar ist, dass es einen besseren oder minderen Segen gibt, handelt es sich bei der Ordination offenbar doch um eine Art Priesterweihe-Segen.

Das Priesteramt führt Christen in Abhängigkeit

Wo die einen Geistliche sind, werden die andern automatisch zu „Laien“ (oder zu „Weltlichen“?). Jedenfalls ist die in Luthers Ansatz überwundene Trennung von Laien und Priestern wieder da. Die tröstenden Versuche, die „Laien“ als Mitglieder des Laos, des Gottesvolkes, definieren wollen, greifen nicht: Laie ist in unsrer Sprache einer, der nichts davon versteht. Das Wort behält den Stachel des Abwertenden.

Aber der eigentliche Schaden sitzt tiefer. Schlimmer als die verminderte Geltung der „Nichtgeistlichen“ ist, dass ihnen das Vertrauen in die eigene geistliche Kompetenz verloren geht. Es findet ein Prozess von Delegation statt: Wo der eine zum „Geistlichen“ und Priester erhoben wird, wird dem andern das Geistliche und das Priestertum geraubt. Damit wird aber auch ein Stück unmittelbarer Gottesbeziehung genommen. Die Aufgabe, verantwortlich für die eigene Seele zu sorgen, scheint nicht mehr gegeben. Und wo sie nicht geübt wird, schwindet schließlich auch die Fähigkeit dazu.

Außerdem wird der Laie abhängig vom Wissen und Kultus des Priesters. Der Priester wiederum gerät in Versuchung, diese Abhängigkeit durch Geltungs-, Macht- und Geldgewinn auszubeuten. So kam es zu den finstersten Kapiteln der Kirchengeschichte. Und es entstand das (besonders zu Luthers Zeiten) abschreckende Bild der katholischen Kirche, das nach einer Reform rief. Aber im späteren Protestantismus kam es teilweise zu den ähnlichen Fehlentwicklungen.

Die wohl wichtigste Stütze der katholischen Priester bestand darin, dass ausschließlich sie für die sieben Sakramente zuständig waren, von denen die Kirchenmitglieder abhängig waren. Das ist in der evangelischen Kirche für die beiden verbleibenden Sakramente Taufe und Abendmahl übernommen worden: Bis heute dürfen – bis auf wenige Ausnahmen – nur Pfarrerinnen und Pfarrer die Sakramente „verwalten“ (wie es im Kirchendeutsch heißt).

Gewiss: Die Rahmenbedingungen einer Sakramentsfeier müssen geordnet sein, denn solche Riten leben auch davon, dass man sorgsam mit ihnen umgeht. Aber es gibt keinen Grund, ihre Gültigkeit von einer Priesterweihe oder Ordination abhängig zu machen. Wenn einer evangelischen Diakonin verboten wird, mit ihrer Jugendgruppe auf einer Freizeit das Abendmahl zu feiern, dann steht das in diametralem Gegensatz zu seiner ursprünglichen Intention. Zu den Wurzeln des Abendmahls gehört ja auch die Tischgemeinschaft Jesu mit den Ausgestoßenen: Sie betont das Integrierende, nicht die Aussonderung. Ebenso ist daher nicht einzusehen, wenn bei einem Konfirmationsgottesdienst aus der Kirche Ausgetretene vom Abendmahl ausgeschlossen werden. Jesus hätte sie vermutlich willkommen geheißen. Den (auch verständlichen) pädagogischen Ansatz der Schriftgelehrten und Pharisäer lehnte er ab, wonach die Sünder durch eine Art Kirchenzucht zur Buße genötigt werden sollten.

Der Apostel Paulus übrigens kannte zwar Priester aus dem Judentum. Aber in seiner Aufzählung von acht christlichen Gemeindeämtern tauchen sie nicht auf (1. Kor 8,28). Der Prozess der Aufspaltung in Priester und Laien hat dann anscheinend schon ca. 100 n. Chr. begonnen. Abgesehen von den unermesslichen Folgen für den religiösen Bereich können wir wohl nur ahnen, was die Einsetzung von Priestern („Hochwürden“) für die Entwicklung von Menschenwürde und Selbstbewusstsein bedeutet hat. Offenbar geht es ja beim inneren Priestertum auch um die Krone der Menschenwürde. Darauf verweisen schon die neutestamentlichen Belege für das allgemeine Priestertum: Meistens wird es im Zusammenhang mit Königtum genannt (z.B. Offb 1,6: „Jesus Christus,...der uns zu Königen und Priestern gemacht hat vor Gott, seinem Vater“).

Ob die Menschen geahnt haben, was die Priester ihnen wegnahmen? Neben Verehrung hat es ja zu allen Zeiten auch Ablehnung und Hass gegen Priester gegeben. Möglicherweise wäre die gesamte abendländische Geschichte anders verlaufen, wenn nicht durch die Einsetzung von Priestern den Menschen ein Teil ihrer göttlichen Würde genommen worden wäre; wenn sie infolgedessen mit einem stärkeren Selbstbewusstsein gelebt hätten; wenn sie ihre Autorität nicht delegiert hätten.

Aber haben denn Priester und Pfarrer nicht auch zu allen Zeiten den Menschen auf dem Weg zu Gott geholfen? Ja, ohne Zweifel. Wäre es überhaupt ohne sie gegangen? Wären denn die Menschen nicht geistlich überfordert gewesen ohne Priester?

Jesus war so kühn zu meinen: nein!

Offenbar wollte er keine Hierarchie unter seinen Anhängern: „Ihr sollt euch nicht Rabbi nennen lassen, denn einer ist euer Meister; ihr aber seid alle Brüder“ (Mt 23,8). In Anlehnung an verschiedene alttestamentliche Stellen entfaltet der Verfasser des 1. Petrusbriefes (wohl ursprünglich in einer Taufansprache an Erwachsene): „Ihr seid das auserwählte Geschlecht, die königliche Priesterschaft, das heilige Volk, das Volk des Eigentums, dass ihr verkündigen sollt die Wohltaten dessen, der euch berufen hat von der Finsternis zu seinem wunderbaren Licht“ (2,9) [20]

Was bedeutet Priestertum?

An dieser Stelle ist noch genauer zu klären, was denn überhaupt mit Priestertum gemeint ist. Zwei Auslegungen sind möglich. Die erste: Priester für andre sein; die zweite: Priester für sich selber sein.

In der Kirche steht gewöhnlich die erste Auslegung im Vordergrund: Priester als Verkündiger des Wortes Gottes an andere (siehe oben: „Verkündiger der Wohltaten Gottes“). Priestertum aller Glaubenden heißt dann praktisch: Alle Christen sollen in der Welt Zeugnis ablegen von ihrem Glauben und versuchen, andere dafür zu gewinnen.

Freilich: Funktioniert hat das Konzept nie so recht, auch nach seiner Reaktivierung durch Luther nicht. Das Problem liegt vermutlich nicht darin, dass – wie immer wieder angenommen wird – die Gemeindemitglieder noch zu wenig Sprachfähigkeit haben, zu wenig Bibelkenntnis oder zu wenig Wissen vom Glauben. Vielmehr darin, dass christlicher Glaube bei uns weithin in einem Akt von Indoktrination vermittelt wird: „Das ist die Wahrheit; die musst du glauben, wenn du Christ sein willst.“ Und bekanntlich ging man mit Menschen, die sich dem verweigerten, in früheren Zeiten sehr grausam um. Von diesem Ausgangspunkt ist der Weg zu einer eigenen tiefen Glaubensüberzeugung nicht unmöglich, aber schwer. Glaube (wie Liebe) kann eigentlich nur in Freiheit wachsen. Wer Zeuge des Glaubens für andre sein will, muss erst selber zutiefst überzeugt sein und nicht nur überredet. Sonst bleiben in der Tiefe Unsicherheit und Zweifel. Bei evangelischen Christinnen und Christen ist es leider fast der Normalfall, dass sie meinen, den kirchlichen Glaubensnormen eigentlich nicht zu genügen. Nur wenige werden selbstbewusst sagen: Ich bin Christin bzw. Christ. Entsprechend sind sie selten motiviert, für ihren Glauben in ihrer Alltagswelt einzutreten.

Grundsätzlich halte ich dieses erste Verständnis des Priestertums für richtig und wichtig. Aber sinnvoller Weise sollte das andere Verständnis an erster Stelle stehen: Priestertum aller Glaubenden heißt primär, Priester für sich selbst zu sein. Es bedeutet, dass jeder Mensch eine unmittelbare Beziehung zu Gott haben und mit ihm im Gebet reden kann und dafür keinen Vermittler braucht; dass er alle Voraussetzungen in sich trägt, um Priesterin oder Priester zu sein; dass er selber die Verantwortung für seine Seele trägt – und kein Priester kann sie ihm abnehmen! Damit ist keineswegs ausgeschlossen, dass andre Menschen einem nützliche und wichtige Helfer sein können, und natürlich kann man aus der Gemeinschaft mit anderen Christinnen und Christen viel schöpfen. Das ist so selbstverständlich anerkannt, dass darüber hier nicht weiter gesprochen werden muss.

Zum archaischen Bild des Priesters (im allgemeinen religiösen Kontext) gehört, dass er unmittelbar in Kontakt mit dem Göttlichen treten kann. Er betet; er sucht Versöhnung mit Gott. Er darf – im Judentum – als Hohepriester einmal im Jahr das Allerheiligste betreten, ohne dass er von der Macht des Göttlichen vernichtet wird. C.G. Jung hat von empirischen Voraussetzungen her in seinem Konzept der Archetypen dargestellt, dass es in jedem Menschen solch eine Priesterin bzw. einen Priester gibt.

Jesu Vorstellung vom allgemeinen Priestertum

Die beste Auslegung dessen, was es heißt, Priesterin oder Priester für sich zu sein, stammt von Jesus selbst, nämlich in der Anrede und den ersten Bitten des Vaterunsers. Ich stelle im Folgenden jeweils die Möglichkeiten dieses allgemeinen Priestertums dem in einem Amt verkörperten Priestertum gegenüber.

Die Anrede: *„Unser Vater im Himmel“*: Sie überspringt jede „heilige“ Distanz zwischen Gott und Mensch. „Abba“ (Vater) ist eine sehr persönliche, eine intime Kontaktaufnahme, die in ein Gespräch der Art münden kann, wie wenn jemand mit seinen Eltern oder mit einem Freund redet. Sie betont die Nähe und enge Verbundenheit mit Gott.

Demgegenüber ist es für das Amtspriestertum bezeichnend, dass Gebete oft sehr förmlich und formelhaft wirken und eher den Abstand zwischen Mensch und Gott betonen.

1. Bitte: *„Dein Name werde geheiligt“*: Der Name ist das Wort, mit dem man jemanden anredet, mit dem sich jemand von einem anderen unterscheidet. Diese Bitte ist wie eine Ergänzung zu der obigen intimen Anrede,

denn hier kommt es zu einer demütigen Unterscheidung: Du bist der heilige Gott – ich bin Mensch. Persönliches Priestertum heißt nun: Es entscheidet sich im einzelnen Menschen, ob er Gott Gott sein lässt und ihn heilig hält oder ob er womöglich sein Ego zu seinem Gott macht (was sich übrigens in jedem Augenblick ändern kann).

Im Amtspriestertum dagegen gibt es die Tendenz, die Heiligung Gottes zu verobjektivieren. Heilighaltung geschieht im Kultus, besonders im Gottesdienst und in den Sakramenten, vollzogen durch Pfarrer/Priester. Die katholische Kirche ist noch einen Schritt weiter gegangen, insofern sie das Heilige verdinglicht: in sakralen Gebäuden, in der Hostie, im Papstamt (Heiliger Vater, Heiliger Stuhl) usw. bis hin zur „heiligen Kirche". Anteile davon gibt es auch in der evangelischen Kirche. Es liegt auf der Hand, dass es hier einesteils um eine fragwürdige Heiligkeit geht (wenn sie schon nicht auf Menschen bezogen ist, wäre es dann nicht konsequenter, alles für heilig zu halten, weil alles göttliche Schöpfung ist?). Auf der andern Seite ist freilich auch die Erfahrung ernst zu nehmen, dass für heilig erklärte Riten und Symbole das religiöse Bewusstsein stimulieren und das Unsagbare zum Ausdruck bringen können.

2. Bitte: *„Dein Reich komme"*: Luther akzentuiert im Kleinen Katechismus: „Gottes Reich kommt wohl ohne unser Gebet von sich selbst; aber wir bitten in diesem Gebet, dass es auch zu uns komme." Das heißt auch: Gottes Reich realisiert sich nicht in Organisationen, sondern in den einzelnen Menschen. Die Priesterin und der Priester des allgemeinen Priestertums werden darin wirksam, dass sie – den üblichen Ego-Barrieren zum Trotz – das Reich Gottes zu sich kommen *lassen.* Die quasi „Laienpriester" sind es auch, die das Reich Gottes in die Welt ihres Alltags hinaustragen, insofern sie mit Glauben und Liebe leben. Auch wenn sie gar nicht gezielt missionieren wollen, so haben sie doch eine Ausstrahlung, wenn sie ihr Licht nicht „unter den Scheffel stellen".

Demgegenüber hat das Amtspriestertum die Neigung, das Reich Gottes mit Institutionen in Verbindung zu bringen. Das geschieht teilweise so, dass die Kirche (mehr oder minder) als Vorform oder Realisation des Reiches Gottes gesehen wird oder dass der Einzelne angeblich nur in der Kirche dem Reich Gottes nahe sein kann (besonders krass im katholischen Kirchenbegriff; ihm steht im evangelischen Raum die hochkirchliche Theologie nahe). Je augenfälliger es wurde, dass religiöse Institutionen ihrem Anspruch, dem Reich Gottes ähnlich zu sein, nicht gerecht werden konnten, desto mehr wurde seine Verwirklichung auf die Zukunft verschoben: Sie wurde dann mit der mit der Wiederkunft Christi erwartet.

Die Verkündigung Jesu steht dem entgegen, wenn er etwa sagt: „Siehe, das Reich Gottes ist inwendig in euch“ (oder: „...ist mitten unter euch“, Lk 17,21). Und auf eine Kirchengründung hat er bekanntlich verzichtet.

3. Bitte: *„Dein Wille geschehe“*: Die Entscheidung, Gottes Willen zu tun, kann nur in jedem einzelnen Menschen fallen. Oft wird die Herausforderung darin liegen, etwas Schwieriges, Ungewolltes zu akzeptieren und dadurch inneren Frieden zu finden. Die Aufgabe der inneren Priesterin, des inneren Priesters wird sein, Gottes Willen zu erkunden und in ihn einzustimmen. Dabei geht es einerseits allgemein darum, sich dem Strom der göttlichen Liebe einzufügen. Andrerseits gilt es, individuell aufmerksam wahrzunehmen: Was will Gott jetzt von mir? (Und das kann etwas andres sein, als er von anderen Menschen will.) Wie führt Gott mich? Und was sagt er mir damit?

Allgemeine Lebensregeln und Gebote helfen hier oft nicht weiter. Nicht selten kann man ja nur zwischen zwei Übeln wählen. Manchmal sind unkonventionelle oder gar regelwidrige Entscheidungen gefordert. In solchen Situationen kann jeder Mensch nur hoffen, dass der innere Priester ihm Mut und Gewissheit gibt: Das muss ich jetzt tun! (Markante Beispiele: Abraham, als er auf Gottes Geheiß in die Fremde zog; oder Luther, als er sich auf dem Reichstag zu Worms gegen jahrhundertealte Kirchentradition stellte).

Demgegenüber wird das Amtspriestertum eher dazu neigen, den göttlichen Willen in fest formulierten Geboten zu finden und zu verkünden, besonders in den 10 Geboten. Deren Aussagekraft ist unbestreitbar. Dennoch finde ich es bedenklich, welche Wichtigkeit die Kirchen diesem Regelwerk beimessen, das Mose (ich setze voraus: in göttlichem Geiste) in einer bestimmten historischen Situation erstellt hat (für ein Nomadenvolk im Übergang zur Sesshaftigkeit). Die Attraktivität, Gottes Willen in wenigen fest formulierten Regeln zu haben, war offenbar immer groß. Dagegen hat es Jesu doppeltes Liebesgebot (Mt 22,37-39) in der christlichen Kirche nie zu einer entsprechenden Geltung bringen können wie der Dekalog. Anscheinend gibt es im Amtspriestertum eine Neigung zu Gesetzlichkeit.

4. Bitte: *„Unser tägliches Brot gib uns heute"*: Indem Jesus den Betenden bei der Bitte um Nahrung die Worte „täglich" und „heute" in den Mund legt, appelliert er an den inneren Priester, die Sorge um die Zukunft loszulassen (im Sinne der Bergpredigt: „Sorget nicht!").

Gleichzeitig geschieht in dieser Bitte eine Hinwendung zum Materiellen. Für das Amtspriestertum könnte darin ein Hinweis liegen, in der Sorge um die geistlichen Güter das Irdische nicht zu vergessen. Es hat ja im Laufe der Kirchengeschichte immer die Gefahr einer Aufspaltung und gegenseitigen Entfremdung gegeben: weltferne Kirche auf der einen Seite – unreligiöse, materialistische Welt auf der andern Seite. Mit scheint, eine Aussöhnung von Theologie und Kirche mit der materiellen Welt steht uns noch als wichtige Aufgabe bevor. Sie kann um so leichter gelingen, je mehr das Priesterliche nicht nur bei Berufspriestern, sondern auch bei „Weltmenschen" angesiedelt ist (und desto eher können diese vielleicht auch Sinn für eine liebevolle Bewahrung der Schöpfung entwickeln).

5. Bitte: *„Und vergib uns unsre Schuld, wie auch wir vergeben unsern Schuldigern"*: Diese Bitte dürfte besonders wichtig für unser Thema sein (die übrigen scheinen mir dafür dann nicht mehr so relevant). Nach der Auffassung Jesu ist uns in dem Augenblick vergeben, in dem wir andern dasselbe Versagen vergeben (oder grundsätzlich vergeben). Mit andern Worten: Gott ist unendlich vergebungsbereit. Der Schlüssel liegt im einzelnen Menschen. Er selbst ist der Priester, der für Versöhnung sorgt oder nicht, indem er die Vergebung für sich gelten lässt oder verwirft.

Dieselbe Intention finden wir in Jesu Gleichnis vom „Schalksknecht" (Mt 18,21ff) oder in den Worten vom Splitter und Balken und in diesem Zusammenhang in dem Satz: „Richtet nicht, damit ihr nicht gerichtet werdet" (Mt 7,1ff; vgl. auch 6,14f).

Demgegenüber hat das Amtspriestertum die Vergebung sehr stark an Beichte und Absolution gebunden (etwa mit den Stufen Sündenbekenntnis – Reue – Lossprechung). Es ist erwägenswert, ob bei schwerer Gewissensbelastung ein Ritus (wie Beichte oder Abendmahl) zur Annahme der Vergebung hilfreich sein kann (aber warum wird er dann so wenig in Anspruch genommen?). Jedoch die jahrhundertealte Tendenz der Kirche, die göttliche Vergebung an das Wirken von geweihten Priestern oder ordinierten Pastoren zu binden, erscheint angesichts der Worte Jesu als eine erschreckende Anmaßung; zumal damit immer eine enorme Macht über Menschen ausgeübt wurde.

„Laien“ holen sich das allgemeine Priestertum zurück

Es ist aufschlussreich zu sehen, wie Menschen sich in unsrer Zeit das Priestertum aller Glaubenden zurückerobern, so dass es heute nach meiner Einschätzung mehr verwirklicht wird als je zuvor. Es äußert sich u.a. darin, dass viele Menschen sich von der Kirche ihren Glauben nicht mehr vorschreiben lassen; auch darin, dass ihnen der Glaube im Sinne eines festen Gottvertrauens wichtiger geworden ist als viele traditionelle Dogmen. Zu diesem Prozess hat wesentlich beigetragen, dass Menschen sich nicht mehr so sehr an Autoritäten gebunden fühlen.

Das kirchliche Ideal, wie es zum Priestertum aller Glaubenden kommen sollte, sah ja vor: Christen werden von Pfarrern intensiv fortgebildet, so dass sie schließlich selber das allgemeine Priestertum wahrnehmen können. Aber immer schien Anlass zur Klage: Sie sind noch nicht so weit!

Vermutlich hängt das auch damit zusammen, dass die Verwirklichung des allgemeinen Priestertums nur auf dem Wege des Gehorsams vorgestellt werden konnte: Der Gehorsam gegenüber den Geboten und der kirchlichen Lehre wurde gleichgesetzt mit dem „Hören auf das Wort Gottes“. Überhaupt dürfte das Gehorsamsprinzip in der Kirche viel Unheil angerichtet haben. Aber jahrhundertelang war es offenbar kaum anders denkbar, als dass das Evangelium mit autoritärem Druck vermittelt werden müsse. Dem „Wort“ selber traute man wohl nur wenig Kraft zu. Vermutlich hat die Verdrehung damit angefangen, dass die Forderung nach Gehorsam, die beim mosaischen Gebot durchaus angemessen war, auf das Evangelium übertragen wurde.

In unsrer Zeit hat das Priestertum aller Glaubenden erstmals wesentlich dadurch eine Chance, weil das Prinzip von Autorität und Gehorsam in Frage gestellt ist. An dieser Stelle hat sich die 68er Bewegung intensiv ausgewirkt, insofern sie prinzipiell Autorität aufgelöst hat. Nach vielen Jahrhunderten kindlicher Unterwerfung unter die Kirche folgte in den letzten Jahrzehnten anscheinend eine „pubertäre“ Episode, in der viele Menschen gegen die Kirche motzten, rebellierten und austraten. Aber es gibt deutliche Anzeichen einer beginnenden Erwachsenen-Epoche, in der Menschen – ohne Ressentiments gegenüber der Kirche – selbstbewusst ihren eigenen religiösen Weg gehen. Und in der Tat: Nur auf dem Boden geistiger Freiheit kann das allgemeine Priestertum wachsen. In dem Maße, wie die Außenleitung abnimmt, kann das von innen Geleitet-Werden zunehmen.

Freilich: Diese Form des Priestertums aller Glaubenden ist anders, als man es sich in der Kirche vorgestellt und gewünscht hatte.

Kirche wird offener

Eine Folge ist, dass kirchliche Lehren bedeutungsloser werden und dass alte Bekenntnisse, die früher einmal aus innerkirchlichen Konflikten entstanden sind, mehr und mehr zu störendem Ballast werden. Eigene religiöse Erfahrungen spielen eine wichtige Rolle – die aber waren in der Kirche meistens suspekt, weil man dadurch die einheitliche Lehre bedroht sah. Ein Beispiel aus der Mitte des 19. Jahrhunderts: Als eine Frömmigkeitsbewegung im Harz Hausbibelkreise entstehen ließ, die ohne Pfarrer stattfanden, ließ die Hannoversche Kirchenleitung sie durch die Polizei auflösen.

Heute werden häufig Vorstellungen und Frömmigkeitspraktiken anderer Religionen aufgenommen und auch solche aus der „Esoterik" (der Begriff wird heute meist im Sinne eines Sammelbeckens außerkirchlicher Religiosität gebraucht). Freilich gibt es da wundersame Blüten, aber vieles, was dort praktiziert und veröffentlicht wird, zeigt kirchliche Defizite auf, besonders im Bereich von religiöser Erfahrung. Wer nur abwertend darüber redet, gibt damit zu erkennen, dass er in der engen orthodoxen Kategorie der „reinen Lehre" denkt, die kaum zu intensivem Glauben, oft aber zu ängstlicher oder anmaßender Rechthaberei geführt hat. Die theologische Wahrnehmung und Auseinandersetzung mit der so genannten Esoterik verdiente mehr Engagement, weil davon heute viele Menschen innerhalb und außerhalb der Kirche betroffen sind. Für die Kirche kann sich daraus ein sehr fruchtbarer theologischer Prozess entwickeln. Einsparungen sind möglich im Hinblick auf das offizielle ökumenische Gespräch zwischen evangelischer und katholischer Kirche, da dort mittelfristig keine Fortschritte zu erwarten sind und da erfolgreiche Annäherung gegenwärtig nur auf der persönlichen oder auf Gemeindeebene stattfindet.

Kurz: Das Priestertum aller Glaubenden hat auf unerwartete Weise heute darin Gestalt gewonnen, dass viele Menschen sich in den Inhalten und Lebensformen ihres Glaubens von beruflichen „Priestern" unabhängig gemacht haben; dass sie sie selber gestalten und dass sie ihre Gottesbeziehung selber verantworten – mehr oder weniger bewusst. Manche verbinden das mit dem Kirchenaustritt. Die meisten bleiben Kirchenmitglieder – freilich dann distanzierte, die sich mit ihrer Kirche nicht mehr oder nur teilweise identifizieren können (das sind immerhin – wie wir wissen – 80 bis 90 %). Natürlich ist bei der Abkoppelung von der Kirche die Möglichkeit zu Missverständnissen und Irrtümern gegeben – der Preis der Freiheit. Aber „die Wahrheit" (wenn es sie denn so gibt) ist ohnehin nicht durchsetzbar. Von einer zukünftigen Kirche ist darum zu hoffen, dass sie sich nicht mehr von vornherein durch die Abgeschlossenheit ihrer Lehre als Gesprächspartnerin ins Abseits stellt.

Am Rande: Es ist auffällig, dass gleichzeitig mit der zunehmenden Inanspruchnahme des allgemeinen Priestertums sich die Zahl der geweihten Priester in der deutschen katholischen Kirche dramatisch verringert. Möglicherweise liegen die Ursachen dafür nicht nur im Zölibat, sondern wesentlich auch darin, dass immer weniger junge Menschen sich mit dem Amtspriestertum identifizieren können – vielleicht aus einer Ahnung seiner Fragwürdigkeit (fing es an mit der immer mehr „weltlich" werdenden Kleidung?). Die wenigen Neuanmeldungen zum evangelischen Theologiestudium (trotz guter späterer Stellenchancen für Studienanfänger) lassen vermuten, dass hier bald ähnliche Verhältnisse wie in der katholischen Kirche herrschen könnten.

Zunächst ist zu resümieren: Wenn alle Kirchenmitglieder Priesterinnen und Priester sind, liegt darin ein enormes Potential der Kirche. Solange der Klerus sie nicht Priester sein lässt: ein schlafendes Potential. Wenn es gelingt, dieses zu wecken, kann sich eine vitale Kirche entwickeln, da sie sich von den Kräften der Basis her aufbaut.

Das Priestertum in der Familie

An dieser Stelle ist daran zu erinnern, dass es eine latente Form des allgemeinen Priestertums immer schon gegeben hat, und zwar in der Familie (nach Luthers Vorstellung vor allem vom Hausvater repräsentiert). Zwar wird nach offizieller evangelischer Lehre der Glaube durch Wort und Sakrament geweckt; wobei mit „Wort" meistens die Predigt gemeint ist, im erweiterten Sinn auch andere Verkündigungsformen des Pfarramtes wie Unterricht und Seelsorge.

Faktisch spielt dies für die Entstehung und Entwicklung von Glauben vermutlich eine relativ geringe Rolle; u.a. schon deswegen, weil durch kirchliche Veranstaltungen die Gemeinde nur in geringem Umfang erreicht wird (am intensivsten die 5 – 10 % zur Kerngemeinde Gehörigen). Und trotzdem glauben ganz viele Menschen an Gott, auch außerhalb der Kirche!

Vermutlich ist die normale und wirksamste Form der Glaubensvermittlung die im privaten Umfeld. Bei Nachfragen fällt auf, dass ca. 70 % ihre religiöse Prägung aus der Ursprungsfamilie übernommen haben: besonders von den Eltern, manchmal von den Großeltern oder von einzelnen überzeugenden Persönlichkeiten in ihrer Umgebung. Glaubensvermittlung geschieht hier durch verschiedene, durchaus bekannte Formen: Gebete am Kinderbett; Vorlesen aus der Kinderbibel; in Familienriten; in Gesprächen, die sich aus Kinderfragen ergeben oder in denen es um Bewältigung von Lebenskrisen geht; am meisten aber wohl durch die innere Haltung der Eltern oder nahen Angehörigen. Durch eben solche Haltung werden oft auch Kinder und Jugendliche von einem Diakon, einer Kindergottesdienstmitarbeiterin oder einer Pastorin am nachhaltigsten religiös geprägt. Ich vermute: Angesichts der hohen Effektivität des familiären Priestertums wird die Wirksamkeit des beruflichen Priestertums gemeinhin überschätzt.

Dazu einige Beobachtungen. Zum einen: Man findet selten eine so intensive Gläubigkeit wie bei ausgesiedelten Russlanddeutschen. Sie wurde gewiss verstärkt durch extreme Notlagen, ist aber weithin unbeeinflusst durch kirchliche Amtsträger gewachsen. Zum andern: Mir ist aufgefallen, dass die Aktivität der „Laien" bei einer Vakanz des Pfarramtes oft aufblühte, dass sie kompetenter und verantwortungsbereiter wurden. Ähnliches ist aus dem katholischen Bistum Hildesheim zu hören, wo z.Z. die wenigen Priester jeweils bis zu sieben Gemeinden zu betreuen haben: Die Gemeinden werden lebendiger; der Gottesdienstbesuch steigt. Ich schließe daraus, dass es bei einer Schwächung des Amtspriestertums oder einer Verringerung der Zahl von Pfarrerinnen und Pfarrern keineswegs zu einem Verfall des Glaubens kommen muss. Das Priestertum aller Glaubenden scheint zu funktionieren.

Pfarramt in der Krise?

In diesem Zusammenhang ist zu bedenken, dass es heute auch andere Gründe gibt, die Fixierung kirchlicher Arbeit auf das Pfarramt aufzugeben: Die prinzipielle Zuständigkeit für sämtliche kirchlichen Aufgaben hat zwar die gesellschaftliche Position der Pfarrerinnen und Pfarrer gestärkt, führt aber bei ihnen oft zu Überforderung. In mehrfacher Hinsicht war ihr Beruf früher einfacher: Psychologische, soziologische und pädagogische Kompetenz war kaum gefragt. Öffentlichkeitsarbeit gab es nur am Rande. Personalführung spielte keine Rolle. Und schließlich gab es nicht so unendlich viele Telefonate, E-Mails und Sitzungen, auch nicht eine solche Papierflut. Auch hatten frühere Pfarrer mehr psychische Stütze und gesellschaftliche Anerkennung dadurch, dass das Bewusstsein der beruflichen Rolle und des Standes ausgeprägter war (wie nicht anders bei Handwerksmeistern oder Offizieren).

Die Überforderung wird in jüngster Zeit dadurch verstärkt, dass aus Ersparnisgründen viele Pfarrstellen aufgehoben werden und der Zuständigkeitsbereich der verbleibenden Amtsinhaber oft enorm ausgeweitet wird. Der berufliche Stress wird zum Hindernis für die Entwicklung der eigenen

Spiritualität. Das spüren die Gemeindemitglieder. Die großzügige Akzeptanz von beruflich schwachen Pfarrerinnen und Pfarrern nimmt ab. Mit einer grundsätzlichen Respektierung des geistlichen Amtes ist nicht mehr selbstverständlich zu rechnen.

Schon aus diesen Gründen ist der Versuch nahe liegend, etwas von der Vielfalt der neutestamentlichen Ämter wiederzugewinnen und diese auch mit Teilzeitkräften oder Ehrenamtlichen zu besetzen, wobei eine gewisse Vergütung der Arbeit je nach Umfang angemessen sein wird. Darin läge auch eine Chance für die vielen Gemeinden, für die im Zuge der Sparmaßnahmen in ihrem dörflichen Pfarrhaus das Licht ausgegangen ist: Sie könnten für mehrere Funktionen eine „Priesterin" oder einen „Priester" mit offiziellem Mandat in ihrem Ort haben, hätten damit nahe Ansprechpartner und würden sich weniger vom fernen Pfarramt abhängig und abgehängt fühlen.

Alle können priesterlich handeln

Wenn wir m.E. auch kein Amtspriestertum brauchen (also die nach dem bisherigen Ritus geweihten oder ordinierten Pfarrer/innen), so brauchen wir in der Kirche doch Theologen und priesterliches Handeln. Zu letzterem sind grundsätzlich alle Christen befähigt. Zwar bleiben im Prinzip alle Gemeindemitglieder religiös für sich selbst verantwortlich, sind also Priester ihrer selbst. Und sie sind doch gleichzeitig angewiesen auf das Priestertum der anderen, insofern sich ein Mensch in allen Lebensbezügen (auch den religiösen) wesentlich aus der Verbundenheit mit anderen entwickelt.

Priesterliches Handeln durch andere Menschen kann in vielen Situationen hilfreich sein, besonders in Riten, etwa wo es darum geht, jemanden zu segnen, zu taufen, zu trauen, zu beerdigen oder Abendmahl auszuteilen; oder auch um im anderen den schwachen inneren Priester zu wecken und zu stärken. Das wird oft im seelsorgerlichen Gespräch geschehen: Manchmal brauchen wir eben einen Menschen, der uns sagt, was wir uns selbst nicht sagen können. Etwa wenn wir den Durchblick verlieren, weil wir zu wenig Abstand von uns selbst oder von unserm Schicksal haben. Oder wenn wir in einer schwierigen seelischen Verfassung sind und keinen Zugang zur göttlichen Realität finden. Priesterliches Handeln könnte man mit Luthers Worten auch umschreiben: „dem anderen zum Christus werden".

Was grundsätzlich alle (Priester-)Christen tun können, werden sinnvoller Weise in der Öffentlichkeit vor allem die tun, die dazu einen Auftrag in der Gemeinde haben.

Für priesterliches Handeln ist kein Theologiestudium nötig, wohl aber – je nach Aufgabe – Kompetenz, die durch ein breites Fortbildungsangebot für die in der Kirche Mitarbeitenden verstärkt werden sollte. Manche bringen für bestimmte Weisen priesterlichen Handelns ein bewundernswertes Charisma mit, haben oft eine besondere spirituelle Ausstrahlung. Bisher machen es kirchlichen Ordnungen oft schwer, sie zu entdecken und ihnen einen gebührenden Raum zu geben.

Veränderungen für Pfarrerinnen und Pfarrer

Selbstverständlich können auch Theolog/innen priesterlich handeln, sie müssten aber dafür nicht extra zum Pfarramt geweiht oder ordiniert werden. Wohl aber wäre es im Einzelfall zu prüfen, wozu jemand begabt ist. Zu bedenken ist angesichts wachsender Anforderungen durch die Gemeindemitglieder, dass die einseitig rational angelegte Theologenausbildung keine optimale Voraussetzung für priesterliches Handeln ist. Wie sich ja überhaupt die Anschauung zunehmend als Illusion erweist, man könne Glauben primär auf der Verstandesebene wecken.

Theologinnen und Theologen jedoch brauchen wir in der Kirche; vor allem für andere Aufgaben: besonders für die oft schwierige Bibelinterpretation; für eine jeweils aktuelle systematische Weiterentwicklung der theologischen Lehre; als kritische Verbindungsleute zur kirchlichen Tradition; als aufmerksame Beobachter und Gesprächspartner für geistige und religiöse Strömungen der Zeit; für ethische Stellungnahmen zu Problemen der Zeit; als Wahrnehmende, Lernende und Lehrende im Hinblick auf andere Religionen. Vor allem aber für die theologische Fortbildung der Gemeindemitglieder, besonders solcher, die eine Funktion übernommen haben.

Die Umwandlung des Pfarramtes vom „Gemeindepriester", der alles kann und macht, zum theologischen Spezialisten kann entlastend sein, dürfte aber für die Pfarrerinnen und Pfarrern nicht leicht sein, denn sie bedeutet einen Verlust an Geltung, Amtswürde und herausgehobener Stellung. Deshalb wäre es verständlich, wenn sich an dieser Stelle Widerstand regt. Und zwar auch aus kirchenleitenden Kreisen: Diese bevorzugen teilweise ein Modell, in dem die Position der Pfarrer/innen verstärkt wird. Dafür scheint es dann nötig, die Kompetenz der Theolog/innen zu erweitern und mehr zu fördern, damit sie den vielfältigen Aufgaben noch besser gewachsen sind. Die andern kirchlichen Ämter werden bei dieser Entwicklung eher bedeutungsloser und kommen in die Rolle der Zuarbeitenden. Bei Sparzwängen fallen sie als erste weg (z.B. Diakoninnen und Diakone).

Das von mir dargestellte Modell, das vom allgemeinen Priestertum ausgeht, bringt dagegen den Pfarrerinnen und Pfarrern erhebliche Entlastung. Nicht wenige von ihnen sind ja – weil in Arbeit, Lebensführung oder eigener Spiritualität überfordert – resigniert und wenig motiviert. Es könnte sich für sie als Gewinn erweisen, gleichberechtigt und geschwisterlich zu einer Mitarbeiterschaft zu gehören, statt immer Lokomotive eines schwergängigen Zuges zu sein, an den ständig neue Wagen angehängt werden. Das Beispiel der unter Priestermangel leidenden katholischen Kirche ist wenig attraktiv: Dort klagen die Pfarrer darüber, dass sie nur noch zu Kulthandlungen herumreisen und den Kontakt zu den Menschen verlieren.

Apropos katholische Kirche: Ein Einwand gegen das Praktizieren des allgemeinen Priestertums wird von den ökumenisch Engagierten kommen, die eher auf eine Angleichung der evangelischen Pfarrer an den katholischen Priesterstatus abzielen und auf eine Anerkennung Roms hoffen. Damit ist allerdings in dem hier entworfenen Modell nicht zu rechnen. Vermutlich gibt es nur die Alternative: entweder mit Priesterweihe ein bisschen katholisch werden (wobei die Kirchen sich etwas näher kommen könnten) oder mit allgemeinem Priestertum richtig evangelisch sein (wobei im besten Fall eine katholische Kirche der nächsten Generation sich an evangelischen Erfahrungen interessiert zeigt).

Widerstand aus der Gemeinde?

Bei alledem ist nicht zu unterschätzen, dass auch manche Gemeindemitglieder das Priestertum aller Glaubenden keineswegs mit Begeisterung aufnehmen werden. Gerade aus der Kerngemeinde werden viele „ihren Pastor" als Leitfigur behalten wollen.

Nahe liegend ist der Vergleich mit dem Demokratisierungsprozess eines Landes, in dem vorher eine Diktatur herrschte. Die Bevölkerung wird weithin Mühe haben zu realisieren, dass nun die Macht in ihren eigenen Händen liegt. Manche werden dem Volk nichts zutrauen und argwöhnen, dass es ohne die Lenkung durch „die oben" nicht gehen kann. Aber wenn die Verunsicherung überwunden ist, werden die Menschen in ihrer Demokratie freier und selbstbewusster leben, auch mit besseren persönlichen Entwicklungsmöglichkeiten. – So wie dort ein Volk entdeckt, dass die Macht bei allen ist, werden in der Kirche die Gemeindemitglieder entdecken, dass das Heilige bei ihnen allen ist.

Praktische Konsequenzen für eine Neugestaltung der Ä in der Kirche

1. Die Weihe oder Ordination von Theolog/innen (in der evangelischen Kirche) als latente Priesterweihe ist aufzulösen, da sie das Priestertum aller Glaubenden entwertet und schwächt und den sog. „Geistlichen" eine ungerechtfertigte Vorrangstellung gibt.

Das bedeutet: Das Priestertum aller Glaubenden ist für die Kirche nicht umsonst zu haben. Den Preis für seine Realisierung müssen die Pfarrer/innen zahlen, indem sie ihre geistliche Macht teilen – wie in jedem Demokratisierungsprozess Machthabende ihre Vorrechte mit dem Volk teilen müssen. Dass die Pfarrerinnen und Pfarrer dabei auch Gewinner sein können, indem sie eine neue Rollensicherheit gewinnen, auch Entlastung von Arbeit, Verantwortung und Isolation, sollte nicht übersehen werden.

Da es in der evangelischen Kirche schwierig sein dürfte, die Ordination gleich abzuschaffen, könnte sie zunächst erweitert werden auf andere in der Kirche beruflich Tätige und auf Ehrenamtliche. Über eine sinnvolle Begrenzung wäre zu reden. Es ist wohl vor allem an Verkündigungsaufgaben zu denken. Die Ordination wäre dann Beauftragung und Segnung nicht nur für Pfarrer/innen, sondern z.B. auch für Diakon/innen, Kirchenmusiker/innen und Prädikant/innen.

2. Das Bewusstsein für das eigene Priestertum ist unter allen Christinnen und Christen auf jede erdenkliche Weise zu fördern. Dabei sollte man besonders im Blick haben, wie stark das Priestertum in den Familien wirksam ist, hier vermehrt Hilfen anbieten und Menschen ermutigen, es auch bei geringem religiösen Kenntnisstand wahrzunehmen. Warum sollte z.B. das Abendmahl nicht in einer Familienrunde gefeiert werden, geleitet etwa von der Mutter? Das jüdische Sabbatmahl ist ein schönes Beispiel dafür, wie durch eine solche Feier der Glaube tief in den Heranwachsenden verankert werden kann.

3. Unerlässlich für die Entwicklung des allgemeinen Priestertums ist, dass die verfasste Kirche nicht primär in Erscheinung tritt als eine, die Normen für Glaubensinhalte setzt: Damit werden Menschen in ihrem eigenen Glauben verunsichert. Die Intensität des Gottvertrauens und die Liebe sind höhere Werte als die Rechtgläubigkeit. Es sollten alle die ein Heimatrecht in der Kirche haben, welche sich mit ihren religiösen Überzeugungen der Botschaft Jesu nahe fühlen. Völlige Übereinstimmung ist offenbar nur in einem Zwangssystem zu erreichen, wenn es sie denn je gegeben hat. Man bedenke auch, wie oft die offizielle Kirche in ihrer Geschichte das Evangelium verraten hat.

4. Nach Paulus ergänzen sich die kirchlichen Ämter gegenseitig wie die Glieder eines Körpers und werden je nach Begabung ausgeübt. In 1. Korinther 12,28 nennt er: „...erstens Apostel, zweitens Propheten, drittens Lehrer, dann Wundertäter, dann Gaben, gesund zu machen, zu helfen, zu leiten und mancherlei Zungenrede" (Priester tauchen nicht auf).

Wenn wir die bei uns gewachsenen Verhältnisse zu Grunde legen, könnte es zu einer neuen Auffächerung der Ämter in Gemeinde und Kirche kommen, damit möglichst viele aktiv sind und möglichst wenige nur Konsumenten. Diese Ämter könnten beruflich oder ehrenamtlich oder auf Honorarbasis wahrgenommen werden. In einer Auffächerung der Ämter liegt natürlich auch eine Chance, wenn die finanziellen Mittel knapp sind.

5. Grundlage ist: Alle sind Priester. Alle sollten die Chance einer (minimalen oder umfassenden) theologischen Ausbildung haben. Die könnte in 4 Stufen stattfinden:

Stufe A: *Grundkurs Theologie* (z.B. für Kirchenvorsteher/innen, ehrenamtliche Jugend-, Frauen-, Seniorenkreisleiter/innen, Kindergottesdienstmitarbeiter/innen)

Stufe B: *Aufbaukurs Theologie* (z.B. für Lektor/innen, Leiter/innen von Kindertagesstätten)

Stufe C: *Diplomkurs Theologie* (z.B. für Religionspädagog/innen)

Stufe D: *Studium der Theologie (für Pfarrer/innen).*

Wenn Gemeindemitglieder ein Bewusstsein der eigenen Priesterschaft entwickelt haben, könnten besonders die Stufen A und B für viele attraktiv werden. Damit würde auch der jetzt rapide im Sinken begriffene Wissensstand der Christen wieder wachsen. Alle Fort- und Ausbildungsgänge sind natürlich auch für die persönliche Entwicklung eine enorme Chance. Die Durchführung der Kurse für A und B (möglichst flächendeckend!) wäre für Theolog/innen eine wichtige und interessante Aufgabe.

6. Im Folgenden nenne ich Funktionen, wie sie in der evangelischen, meist auch in der katholischen Kirche üblich sind und weiterhin in z.T. neu gestalteten Ämtern wahrgenommen werden sollten. Es sind im Normalfall nicht kirchliche Berufe gemeint. Die Ämter ergeben sich aus einer (hoffentlich flexiblen) Kombination von verschiedenen Funktionen (natürlich auch für die jetzigen Pfarrer/innen). Wie die Aufgaben in einer Gemeinde sich zu einer Stelle zusammensetzen, wäre nach dieser Konzeption oft eine Entscheidung des Kirchenvorstandes. Folgende Ämter sind gesondert oder in Kombination mit anderen wahrzunehmen:

a) *Religionspädagog/innen*: für Konfirmanden- und Firmunterricht (auch Modelle mit Elternbeteiligung), Religionsunterricht, Kindergottesdienst, Kindergartenpädagogik, Jugendarbeit, Erwachsenenbildung

b) *„Diakon/innen“*: für diakonische Arbeit z.B. auf Gemeinde- und Kirchenkreisebene (im Unterschied zum jetzigen Berufsbild eher mit einer Ausbildung in Richtung Sozialarbeit)

c) *Gesellschaftsdiakon/innen*: für Kontakte zu Politik und Wirtschaft (z.B. kirchlicher Dienst in der Arbeitswelt), für 3.Welt-Probleme

d) *Theolog/innen*: für theologische Lehre, Bibelauslegung, Erwachsenenbildung, aktuelle Ethik, theologisches Wächteramt

e) *Seelsorger/innen*: für Gemeinden, aber auch spezialisiert z.B. für Krankenhaus, Gefängnis und Beratungsdienste, auch Besuchsdienste

f) *Prediger/innen*: für Gottesdienste, Abendmahlsfeiern, Taufen, Trauungen, Bestattungen und jegliche Riten (alles natürlich auch nicht-beruflich möglich)

g) *Kirchenmusiker/innen*: für Chorarbeit, Orgeldienst, Posaunenchöre, Bands u.a.

h) *Öffentlichkeitsarbeiter/innen*: für Gemeindebrief und Schaukasten, für Pressearbeit, für Rundfunk, Fernsehen und Internet

i) *Verwaltende*: für Gemeindebüro und Gemeindefinanzen, für Kirchenkreisämter und Landeskirchenämter

j) *Raumgestalter/innen*: für Veranstaltungen und Feiern in Kirchen und Gemeindehäusern (z.T. Küsterdienste)

k) *Leitende*: für Kirchenvorstand, Synode und notwendige Aufsichtsämter (manche der bisherigen werden wohl besser in Form einer Supervision wahrgenommen).

7. Zur Zeit können sämtliche Funktionen von a) bis k) von Pfarrer/innen ausgeübt werden! Haben sie wirklich die Kompetenz und Durchführungsmöglichkeit für alle kirchliche Arbeit? Dann müsste es in der Kirche besser aussehen. Dass „Laien“ eigenständig Leitungsfunktionen wahrnehmen können, zeigen große Vereine, Stadträte und Parlamente. Dass Gemeindemitglieder auch geistliche Kompetenz haben, hat übrigens schon Luther herausgestellt, z.B. in seiner Schrift „Dass eine christliche Versammlung oder Gemeinde Recht und Macht habe, alle Lehre zu urteilen und Lehrer zu berufen, ein- und abzusetzen, Grund und Ursache aus der Schrift“. –

Heute gilt für viele Zeitgenossen: Religion ja – Kirche nein. Die Kirche steckt seit Langem in einer Krise mit ihrem Modell, durch das Wort und durch das priesterliche Handeln der ordinierten und geweihten Geistlichen die Kirche von oben bauen zu wollen. Viele Menschen sind schon ausgetreten. Die meisten, die drin geblieben sind, können sich nur bedingt mit ihr identifizieren. Oft sagen sie nicht von Herzen ja zu ihrer Kirche.

Bisher nutzt die evangelische Kirche ihre mit der Reformation gegebene Chance nicht, die Kirche von der Basis her wachsen zu lassen. Sie könnte anziehender werden für die Menschen unserer Zeit, wenn diese sich in ihrem Priestertum anerkannt, gewürdigt und erwünscht fühlten. Der erste Schritt sollte sein, dass die Kirche ihren Mitgliedern das vom Pfarramt usurpierte Priestertum zurückgibt. So könnte aus einer Amtskirche, die immer gegen die latente Verweigerung ihrer Mitglieder kämpft, eine motivierte geschwisterliche Kirche werden.

7. Abschied vom zornigen Gott – die alte Rechtfertigungslehre überwinden

Die Rechtfertigungslehre ist seit der Reformation ein Herzstück protestantischer Theologie. Damals hat sie befreiend gewirkt, und im Kern drückt sie immer noch Richtiges aus. Gegenwärtig aber zündet sie nicht mehr, weil die geistigen Voraussetzungen andere sind als in der Lutherzeit. Wenn man ihr heute eine zentrale Stellung in der evangelischen Glaubenslehre gibt, wird sie zum Klotz am Bein. Soll man es tragisch oder komisch nennen, dass ausgerechnet in unserer Zeit eine Einigung mit der katholischen Kirche über die Rechtfertigungslehre zustande kam – jetzt, wo sie nicht mehr aktuell ist? [21] Ich mache fünf Einwände geltend:

1. Einwand

Seit langer Zeit beobachte ich mit Interesse, freilich auch mit wachsender Skepsis die Versuche, der Rechtfertigungslehre neues Leben einzuhauchen. Es scheint nicht möglich. Auf einer Akademietagung sagte kürzlich ein Referent: „Die Rechtfertigungslehre ist noch nicht in den Gemeinden angekommen.“ Und das nach 500 Jahren! Dabei konnte der Referent ihr durchaus positive Aspekte abgewinnen, etwa: Wir können uns mit ihrer Hilfe als „Sünder“ in unsern Grenzen akzeptieren und dadurch Freiheit gewinnen (wenn man sich denn als „Sünder“ versteht). Oder man denke an die verbreitete Interpretation: dass Gottes Rechtfertigung uns von den Zwängen der heutigen Leistungsgesellschaft befreit. Nur – tut sie das wirklich mit Erfolg? Ein wesentlicher Unterschied zur Reformationszeit liegt schon darin, dass Luther und seine Zeitgenossen sich einer *göttlichen* Forderung ausgesetzt sahen. Heutige Menschen begegnen im Leistungszwang einer *gesellschaftlichen* Norm. Es fehlt also der religiöse Bezug.

2. Einwand

Die geistigen Voraussetzungen unserer Zeit sind andere als bei Paulus, dem Erfinder der Rechtfertigungslehre, und andere als bei Luther. Deshalb kommt sie bei uns nicht mehr an. Paulus möchte (vor allem im Römerbrief) das Evangelium Juden verständlich machen. Er wirbt dafür, dass sie auch den Heilsweg der Heiden akzeptieren, für die das mosaische Gesetz, der Kern des Judentums, bedeutungslos ist. Er findet in seiner (aus heutiger Sicht schwer nachzuvollziehenden) Argumentation zu einigen wunderbaren

Sätzen. Nur gilt insgesamt: Wir haben nicht die Ausgangssituation der damaligen gesetzesfrommen Paulus-Gesprächspartner. Schon der Wunsch, vor Gott „gerecht" dazustehen, ist den meisten Menschen heute fremd.

Einem Martin Luther wiederum bot die paulinische Rechtfertigungslehre eine Chance für seine persönliche Wende. Sie erlöste ihn von der quälenden Frage: „Wie kriege ich einen gnädigen Gott?" Seine Zeit war ja geprägt von Angst vor Gotteszorn, letztem Gericht, Verdammung, Fegefeuer und Höllenstrafe – systematisch geschürt von der römischen Kirche, weil solche Angst ihr Ansehen, Macht und (durch Ablasshandel) Geld einbrachte. Den Gläubigen blieben als Auswege nur Unterwerfung und möglichst viele „gute Werke". Luther entdeckt die Rechtfertigungslehre des Paulus als Schlüssel zur Befreiung: Bei Gott sind Sünden vergeben, und gute Werke sind überflüssig; aus Gnade können Menschen vor ihm bestehen. Die Autorität der (neu ausgelegten) Bibel setzte die Autorität der römischen Kirche matt, und seine Gedanken zündeten bei den geängsteten Menschen seiner Zeit.

Eben das tun sie heute nicht mehr, denn unsere Situation ist auch hier anders: Kaum jemand fürchtet sich vor Verdammung und Hölle (die Kirche predigt sie auch zu Recht nicht mehr und folgt darin dem Evangelium Jesu). Gott als fordernder Gesetzgeber ist im Alltag irrelevant – Gesetze, Normen, Regeln haben wir auch ohne ihn (wie alle nichtchristlichen Völker). „Ethik ist evident," sagt G. Ebeling. Wenn Gott heute gefürchtet wird, dann als Schicksalsmacht, die uns vielfältig Verlust zumutet, am Ende den Tod, und so unser Ego immer wieder frustriert. Hier laufen die häufigen Predigten von der Rechtfertigung des Sünders ins Leere.

3. Einwand

Die Rechtfertigungslehre hat schon bald nach ihrer Entdeckung nicht mehr die erhofften Früchte gebracht. Luther wollte das befreite Gewissen – es entstand aber der Typus des skrupulösen Protestanten, der durch ein chronisch schlechtes Gewissen und ein schlechtes Selbstwertgefühl belastet war. Sogar das fragwürdige katholische System zur Entlastung, das das Gewissen durch einige Vaterunser- und Ave Maria-Gebete beruhigte, erwies sich als wirkungsvoller. Letztendlich hat die lutherische Rechtfertigungslehre viele Menschen in Verzweiflung und Neurose getrieben. (Wäre es nicht längst fällig, dass die VELKD sich dafür öffentlich entschuldigte?)

Wie kam es zu den unerwünschten und unerwarteten negativen Folgen? Die protestantische Predigt hat den Menschen immer wieder ihr Sündersein eingehämmert – sei es, weil angeblich nur der bußfertige Sünder der Gnade teilhaftig werden konnte; sei es, um Gott und seine Gnade um so größer zu machen; sei es, um die Menschen moralisch zu bessern; oder sei es – im alten Gleis der römischen Kirche –, um sich als sündenvergebende Institution unentbehrlich zu machen. Der negative Effekt wirkt bis in die Gegenwart: Viele Zeitgenossen haben sich von dieser lebensfeindlichen kirchlichen Lehre emanzipiert – und damit oft von der Kirche überhaupt. Der Autoritätsverlust der Kirche und die vielen Austritte der letzten Jahrzehnte haben ohne Zweifel auch darin ihre Ursache, dass mündiger gewordene Menschen es satt hatten, immer wieder angeklagt und abgewertet zu werden. Zu Recht.

Wenn heute Menschen sich eher dem Christentum wieder zuwenden, dann auch deshalb, weil sie die alte Sünden- und Erlösungslehre nicht mehr kennen. In der Kirche wird oft der Traditionsabbruch beklagt: Ein Großteil der Bevölkerung kenne die Bibel und die Choräle nicht mehr, wisse nichts von kirchlichen Glaubenslehren. Man sollte aber nicht unterschätzen, was für eine Chance darin liegt, ohne den Ballast der überholten Traditionen neu anfangen zu können. Nur auf diesem Hintergrund ist vermutlich zu verstehen, dass in unserer Gesellschaft ein so starkes religiöses Interesse erwacht ist.

4. Einwand

Die Rechtfertigungslehre ist auch in anderer Hinsicht schädlich. In ihrer Grundform, wie sie von der Orthodoxie in die Nach-Luther-Zeit tradiert wurde, hat sie folgende Elemente: Gott stellt Forderungen in seinen Geboten; weil Menschen diese nicht halten, sind sie Sünder; Gott wird zornig; um den Zorn Gottes zu besänftigen, gibt Jesus sein Leben hin (bzw. Gott opfert seinen Sohn zur Sühne für die Sünden der Menschen); daraufhin ist Gott gnädig und barmherzig und vergibt ihnen; durch den Glauben daran erschließen sie sich die Gnade.

Ich will nicht darüber urteilen, ob diese Theorie für die Pauluszeit ein guter Einfall war. Aus heutiger Sicht scheint mir besonders die Deutung des Todes Jesu unerträglich: als ob ein beleidigter Gott zur Versöhnung ein Menschenopfer braucht. Das macht Gott klein. Und wie kann man von solcher Gottesvorstellung zu dem kommen, was Jesus für das Wichtigste hielt: dass wir Gott hingebungsvoll vertrauen und ihn lieben? Sie könnten einwenden: Solche Horrortheologie wird (außer bei Fundamentalisten und manchen Evangelikalen) kaum noch gepredigt. Sie wird jedoch fortwährend in die Gegenwart transportiert durch alte Gesangbuchlieder (besonders durch die für die Passionszeit), durch die Abendmahlsliturgie (besonders im „Christe, du Lamm Gottes“), durch Kirchengebete, auf andere Weise durch die Bekenntnisschriften. Man lese etwa die Augsburgische Bekenntnis, Artikel 2 und 3 (Evangelisches Gesangbuch Nr. 808), auf die noch heute alle lutherischen Pfarrerinnen und Pfarrer verpflichtet werden.

5. Einwand:

Die Rechtfertigungslehre ist eine ziemlich abstrakte Theorie, im Kern ein juristisches System, der im Laufe der theologischen Entwicklung immer mehr die religiöse Erfahrbarkeit verloren ging. Sie kann schwerlich das Herz erreichen. Zentral geht es in ihr natürlich um den Glauben. Wer aber in seinem Herzen beim Glauben angelangt ist, der erlebt auch ohne Rechtfertigungslehre Befreiung und inneren Frieden – einfach aus dem liebevollen Vertrauen zu Gott. Anders gesagt: Was die alte Rechtfertigungslehre im Kern positiv ausdrückt, können wir auch ohne sie aus der Verkündigung Jesu entnehmen: nämlich dass Gott uns ohne jede Bedingung oder Einschränkung liebt; von Anfang an, bis über den Tod hinaus. Und nichts an moralischem Versagen oder Gottvergessenheit und Gottlosigkeit kann uns von seiner Liebe trennen. Wird das konkret entfaltet, steckt alles drin, was an Positivem der Rechtfertigungslehre entnommen werden kann.

Alternativen

Die Lehre von dem Gott, der die Sünder rechtfertigt, war bisher *das* Paradigma der evangelischen Kirche. Das hat seine Zeit gehabt – bei Paulus und bei Luther. Bei uns funktioniert es schon seit langem nicht mehr. Es schadet.

Für unsere Zeit scheint mir ein anderes Paradigma denkbar, das auf das wohl größte Problem unserer Zeit zielt: den Umgang mit Besitz. Dazu passt die Botschaft der Bibel: Der Gott, der unerschöpflich viel hat, gibt unermesslich viel. Er ist der Gott der Fülle, der uns teilhaben lässt an seiner Fülle. Das könnte ein angemessenes Paradigma sein für eine Zeit, in der Haben wichtiger ist als Sein; in der Menschen wesentlich davon getrieben sind, immer mehr zu wollen – teils aus ungebändigter Gier, teils aus Sorge, zu kurz zu kommen oder (etwa in einer Wirtschaftskrise) alles zu verlieren. Wobei bekanntlich die Schere zwischen Arm und Reich immer weiter auseinander geht, mit den bekannten Folgen: Unterdrückung, Ausbeutung, früher Tod durch Krankheit und Hunger. Nicht zu vergessen: Kriege um Rohstoffe und Bodenschätze. Bei Jesus finden sich viele Texte zum Gott der Fülle, z.B. die Speisung der 4000 bzw. 5000 (6 mal in den Evangelien überliefert!). Am Ende sind dort, wo fast nichts war, immer viele Körbe übrig.

Es geht dabei wohlgemerkt nicht um den moralischen Appell, endlich das Teilen zu lernen (den hören Christen und Nichtchristen in unserm Land aus gutem Grund schon lange). Vielmehr darum, zu begreifen, von Herzen zu glauben und es auszuprobieren: Es ist genug für uns da – und auch für andere, wenn wir sie teilhaben lassen.

Die Lehre vom erfüllten Leben

Es scheint mir denkbar, dass in der Gegenwart auch ein anderes Hauptthema die Rechtfertigungslehre ersetzen könnte, das zudem einen inneren Zusammenhang mit ihr hat. Es knüpft an die alte Erkenntnis an, dass Selbstrechtfertigung vergeblich und schädlich ist. Dafür gibt es heute eine Entsprechung: Menschen bemühen sich mit z.T. rauschhafter Aktivität, ihrem Leben Erfüllung und Sinn zu geben. Die treibende Kraft dabei ist das Ego mit seinen typischen Trieben und Zielen: dem Bemühen um Wohlstand, Absicherung, Bequemlichkeit, Ansehen, Beliebtheit, Schönheit, Gesundheit, Jugend usw. Kurz: Das Ego sucht totale Beherrschung und Optimierung des Lebens. Das führt aber unvermeidlich zu Enttäuschungen und Niederlagen. Vor allem durch den Tod wird alles in Frage gestellt. Wenn in unserer Gesellschaft Depressionen so zunehmen, liegt die Ursache wohl auch darin, dass heute mehr denn je alles möglich *scheint* – und doch nicht möglich *ist*.

Dennoch sollten Christen sich hüten, das Streben des Egos total zu verdammen. Seine Aktivität ist nun einmal ein wichtiger Bereich des irdischen Lebens. Aber tragisch wird es, wenn ein Mensch alles davon erwartet und aus Angst, zu kurz zu kommen, in eine zerstörerische Hektik verfällt.

Über eine Alternative dazu spricht schon ein alter Psalm (127,2): „Es ist umsonst, dass ihr früh aufsteht und hernach lange sitzt und esset euer Brot mit Sorgen; denn seinen Freunden gibt Gott es im Schlaf" – was ja so viel heißt wie: Gott schenkt es. Hier ist eine Brücke zur Rechtfertigungslehre, wonach die Gerechtigkeit von Gott aus Gnade geschenkt wird. Einen Zugang dazu gewinnt ein Mensch, wenn er nicht nur auf der körperlichen, emotionalen und geistig-mentalen Ebene lebt, sondern auch auf der spirituellen Ebene, in der Verbundenheit mit Gott. Hier fällt ihm zu, was er nicht erarbeiten oder erkämpfen kann: ein Gefühl von Reichtum auch ohne äußeren Besitz, Freude ohne äußeren Anlass, gutes Selbstwertgefühl ohne äußere Beliebtheit, Weisheit und Verstehen ohne rationales Wissen, Leben trotz Tod.

Statt die Rechtfertigungslehre zu predigen, könnte man also heute versuchen, den Menschen die „Lehre vom erfüllten Leben" nahe zu bringen.

8. Viele haben ihren eigenen Glauben – von den distanzierten Christen lernen

Irgendwo soll einmal folgender Graffito gestanden haben: „Der Pfarrer schloss mich ein in sein Gebet. Wie komme ich da wieder raus?“ Das wirft ein Licht auf ein Grundproblem vieler Kirchenmitglieder: Sie fühlen sich vereinnahmt, in eine ungewollte Enge des Denkens und Glaubens geführt. Sie wollen mehr Freiheit, als ihnen aus kirchlicher Sicht gut tut.

Seit geraumer Zeit nimmt man in der Kirche bewusst wahr, dass ein unverhältnismäßig großer Teil der Mitglieder Abstand zur Kirche wahrt: etwa 80-90 %. Für sie hat sich ein Begriff eingebürgert: die Distanzierten. [22] Manchmal ist ihre Distanz eine Vorstufe zum Kirchenaustritt.

Das kirchliche Ideal ist, dass Christen eine hohe Verbundenheit zu Kirche und Ortsgemeinde haben. Sie sollte sich äußern vor allem in regelmäßigem Gottesdienstbesuch, in der Teilnahme an kirchlichen Veranstaltungen und möglichst in ehrenamtlicher Mitarbeit. Distanzierte sind zwar Mitglieder der Kirche, nehmen aber in der Regel am Gemeindeleben nicht teil. Ihre kirchlichen Kontakte beschränken sich gewöhnlich auf Religions- und Konfirmandenunterricht sowie auf Inanspruchnahme von Taufe, Trauung und Bestattung. Von Mitarbeitenden in der Kirche wird das häufig als frustrierend, wenn nicht kränkend empfunden – daher oft eine starke Aversion gegen Distanzierte und eine um so freundlichere Zuwendung zu den „Treuen“, zur so genannten Kerngemeinde.

Aus kirchlicher Sicht werden Distanzierte auch gern als „Randsiedler“ bezeichnet. Aber es ist nicht zu übersehen, dass sie die weitaus überwiegende Mehrheit der Kirche ausmachen; wodurch sie übrigens auch einen entsprechend hohen Anteil der finanziellen Lasten tragen. Die Kirche ist abhängig von ihnen. Die Kerngemeinde ist demgegenüber eher eine Randgruppe (wenn ihr auch ein überproportionaler Anteil der kirchlichen Arbeitszeit gewidmet wird).

Warum distanziert?

Es gibt verschiedene Motive für die Distanzierung: persönliche Prägung, Familientradition, regionale Sitte und natürlich Enttäuschung oder Ärger über die Kirche. Auch wenn das keine Rolle spielte: Es gibt wohl kaum eine religiöse Gemeinschaft ohne einen gewissen Anteil an Distanzierten.

Ein wesentlicher Grund dafür ist, dass religiöser Glaube vom menschlichen Ego als Bedrohung empfunden wird – zu Recht, insofern der Glaube das Ego klein werden lässt; zu Unrecht, insofern der Glaubende das Ego nicht vermissen wird. Man hat es auch so ausgedrückt: Zum Heiligen gehört – neben dem Faszinierenden – das „Tremendum“, das was den Menschen erzittern macht. Daraus erwächst ein begreifliches menschliches Bedürfnis, zur Religion auf Distanz zu gehen.

Und zwar wohlgemerkt auch für Menschen, die in der Kirche arbeiten! Deshalb sollten sie sich nicht vorschnell über die scheinbar Abtrünnigen erregen. Distanziertheit äußert sich hier nur anders: etwa in einer Rationalisierung des Glaubens, in Dogmatismus, in Gesetzlichkeit und Moralisieren, in einer Ritualisierung des Lebens, in einer ständigen Geschäftigkeit mit organisatorischen Aufgaben u.a.m. – lauter Haltungen und Verhaltensweisen bei Mitarbeitenden, die die Kirche wenig sympathisch machen und die doch schwer vermeidlich sind.

Schließlich arbeiten nicht wenige in der Kirche, die von ihrer Herkunft und theologischen Einstellung her Distanzierte sind, die aber – weil sie in der Kirche tätig sein wollen – die Bekenntnisbindungen als unvermeidliches Übel in Kauf nehmen. So gibt es viele, z.T. verschleierte Möglichkeiten, auch innerhalb der Kirche der menschlichen Neigung zur Distanz zu folgen – um so mehr Grund, die sog. Distanzierten nicht als Außenseiter, sondern als normale Kirchenmitglieder zu betrachten, und zwar als solche eigener Art. Alarmierend bleibt freilich, dass ihr prozentualer Anteil so groß ist.

Man täte ihnen übrigens Unrecht, wenn man sie als unreligiös oder als Menschen ohne Glauben bezeichnen würde; wobei zu beachten ist, dass die Grenzen zur Kerngemeinde hin fließend sind und ebenso zu den Ausgetretenen hin. Es ist bekannt, dass auch Ausgetretene sich oft als „evangelisch“ oder „katholisch“ bezeichnen oder etwa sagen: „Mit meinem Glauben hat der Kirchenaustritt nichts zu tun.“

Vielen Distanzierten ist ihr Gottvertrauen etwas Wichtiges und Stützendes. Viele beten, manche ganz regelmäßig. Nicht wenige finden in sakralen Räumen oder in kirchenmusikalischen Aufführungen das, was sie religiös suchen. Aber sie haben meist nicht den offiziellen Glauben der Kirche, und sie wagen es deshalb kaum, sich als richtige Christen zu bezeichnen.

Was glauben die Distanzierten?

Das ist natürlich individuell sehr verschieden. Es gibt jedoch nach meiner Kenntnis typische Unterschiede zwischen dem Glauben der Distanzierten und der kirchlichen Lehre. Weithin empfinden sie die Kirche als zu eng, zu sehr in alten Traditionen gefangen.

Und darin liegt (neben der religiösen Scheu) ein wichtiger Grund, warum so viele Mitglieder auf Distanz zu ihrer Kirche gehen. Sie nehmen sich die Freiheit, das zu glauben, was ihnen richtig scheint. Die beachtlichen Übereinstimmungen unter ihnen geben aus meiner Sicht Hinweise darauf, wo die Kirche eine notwendige „Reformation“ im theologischen Denken wagen muss und eine Auseinandersetzung mit religiösen Zeitströmungen. Nahe liegend ist hier der kirchliche Einwand: Die Kirche könne und dürfe sich nicht danach richten, was Menschen sich als Glaubensinhalte wünschen oder womöglich irrtümlich vertreten. Sie habe die Wahrheit zu verkünden und nichts als die Wahrheit!

Wenn es denn so einfach wäre! Man denke nur einmal daran, dass sich aus derselben christlichen Wurzel verschiedene Konfessionen entwickelt haben, von denen jede die Wahrheit für sich in Anspruch nimmt, ganz zu schweigen von den verschiedenen Religionen. Im großen Konzert der Wahrheitssuchenden halte ich die Distanzierten durchaus für religiös kompetent, zum einen im Sinne des allgemeinen Priestertums, zum andern weil sie gewöhnlich ihre religiösen Anschauung im normalen (Arbeits-)Leben bewähren müssen – im Gegensatz zu den in der Kirche Tätigen, bei denen eine gewisse Betriebsblindheit nicht immer zu vermeiden ist. –

Es folgt nun der Versuch einer beispielhaften Gegenüberstellung von kirchlicher, hauptsächlich evangelischer Lehre und typischen Anschauungen der distanzierten Freigeister. Grundlage sind hier die Ergebnisse verschiedener Befragungen und eigene Erfahrungen aus vielen Gesprächen.

Im Folgenden gehe ich von den traditionellen Grundbegriffen der Dogmatik aus. Und zwar jeweils in einem Dreierschritt: a) Lehre der Kirche, b) typische Anschauungen der Distanzierten, c) meine persönliche Bewertung (vieles davon begründe ich an anderer Stelle ausführlich). Um der Kürze willen werde ich die verschiedenen Positionen sehr vereinfachen. Aber es ergibt sich hoffentlich ein Eindruck davon, wie weit Glaubensvorstellungen der Kirche und der Distanzierten auseinander liegen.

1. Lehre von der Offenbarung

Position der Kirche: Die Bibel mit Altem und Neuem Testament ist die alleinige Offenbarungsquelle, im besonderen die Gestalt Jesu. Die Kirche hat den Schatz der Tradition zu bewahren und in Lehre und Verkündigung für die Menschen auszubreiten. Eigene Glaubenserfahrung von Mitgliedern kann zu Irrtümern führen und wird z.T. als bedrohlich für die „reine Lehre" angesehen.

Position der Distanzierten: Die Bibel hat kaum göttliche Autorität. Wenn sie aufgezwungen wurde (etwa im kirchlichen Unterricht), wird sie eher abgelehnt. Wo die Bibel wenig bekannt ist und wo kein Vorverständnis als verpflichtende göttliche Offenbarung gegeben ist, entsteht oft neues Interesse an ihr. – Gottesoffenbarung gibt es auch im Naturerleben und in eigenen Lebenserfahrungen („Gott hat mir beigestanden"). – Manchmal werden Gedanken aus andern Religionen oder aus der Esoterik in das eigene Glaubenssystem integriert (was in der Kirche gern als „Patchwork-Religion" bezeichnet wird).

Meine Wertung: Die Ansammlung kirchlicher Glaubenssätze durch die Jahrhunderte ist in ihrem riesigen Umfang nicht nötig für den Glauben. Manchmal ist sie eher hinderlich, weil sie zu einer rationalen Betrachtung des Glaubens verführt. Auch vermittelt sie Christen leicht das Gefühl, den kirchlichen Ansprüchen nicht genügen zu können. Nützlich ist die alte Unterscheidung zwischen fides quae creditur (den vielen verschiedenen Inhalten der Glaubenstradition) und fides qua creditur (der Qualität oder Intensität des Glaubens). Die Distanzierten legen zu Recht mehr Wert auf das zweite, auf das Gottvertrauen.

2. Lehre von Gott

Kirche: Die Kirche „kennt" den offenbarten Gott („Gott will..., tut..., sagt uns..."). Er ist der „Herr". Gott ist als Person vorzustellen. Zentral ist die Trinitätslehre.

Distanzierte: Demgegenüber besteht bei den Distanzierten oft eine größere Scheu vor dem Gottesnamen (eine gebräuchliche Bezeichnung ist „der Herrgott"). Viele haben Schwierigkeiten mit Gott als Person (nur 17 % sehen ihn als persönliches Gegenüber). Gott wird z.B. auch als Energie vorgestellt. Fast die Hälfte glaubt, dass das Göttliche in der Natur ist (Pantheismus oder Panentheismus). Zunehmend finden Menschen einen Zugang zu Gott durch Stille. – Die Trinitätslehre ist bedeutungslos. Wichtig ist oft die Theodizeefrage: Wie kann Gott das zulassen?

Wertung: Die Kirche müsste eine größere Offenheit gegenüber unterschiedlichen Gottesvorstellungen haben. Eine ausschließliche Festlegung auf Gott als Person ist unnötig, zumal auch die Bibel verschiedene Gottesvorstellungen kennt (z.B. „Gott ist die Liebe“). Eigentlich widerspricht jede einengende Festlegung dem Wesen Gottes. Vertreter der Kirche müssten sich bewusst sein, dass allzu „sicheres“ Reden von Gott Distanz verstärken kann. Die Trinitätslehre kann eine Hilfe sein, ist aber nicht konstitutiv für den Glauben. – Es sollte anerkannt werden, dass Naturerleben zu einer intensiven Gotteserfahrung führen kann. Gott lernen wir nicht nur durch das (biblische oder gepredigte) Wort kennen. – Dem Thema Theodizee müsste sich die Kirche stärker widmen, denn nicht wenige verlassen Glauben und Kirche wegen eines unbewältigten Lebensschicksals. [23]

3. Christologie

Kirche: Jesus wird als Gottes Sohn und Herr und einziger Zugang zu Gott verkündet („Keiner kommt zum Vater denn durch mich“). Als Gekreuzigter ist er der Erlöser. Oft auch: Er ist für unsere Sünden gestorben, damit Gott versöhnt ist.

Distanzierte: Jesus wird weithin geachtet als guter Mensch und Vorbild. Er wird allerdings auch als überfordernd erlebt. Manchmal gilt (gegen den Absolutheitsanspruch Jesu im kirchlichen Dogma): Gott ja – Jesus nein. – Die Erlösungserwartung (in kirchlichem Sinn: von Sünde, Tod, Verdammnis) ist gering. [24]

Wertung: Wo Jesus primär als Mensch gesehen wird, erschließt er sich eher, und zwar mehr aus seinen Worten als aus der Vergöttlichung seiner Person. Die Kirche müsste Freiheit lassen zur eigenen Meinungsbildung über ihn und dürfte darauf vertrauen, dass Jesus überzeugend ist, wenn man sich mit ihm beschäftigt. Wo das nicht geschieht, ist mit einer formalen Anerkennung als Herr oder Gottessohn nichts gewonnen. – Die Dominanz des leidenden und des gekreuzigten Christus in der Kirche wird dem Evangelium nicht gerecht, schon gar nicht die Deutung seines (Opfer-)Todes, durch den er angeblich Gott versöhnen musste. [25]

4. Von der Erlösung / Soteriologie

Kirche: Der Mensch ist Sünder. Ihm kann vergeben werden (durch Buße und Beichte und Absolution). Die Rechtfertigungslehre ist das Zentrum der kirchlichen Lehre.

Distanzierte: Es besteht kaum Sündenbewusstsein vor Gott. Daher sind Beichte und Vergebung relativ uninteressant (man denke an die anscheinend problemlose Abschaffung des Bußtags). Entsprechend ist die Rechtfertigungslehre irrelevant. – Sünde wird nahezu unvermeidlich moralisch verstanden, kaum als Getrenntsein von Gott.

Wertung: Eine Gefahr der Kirche: Sie ist fixiert auf das Thema Sünde. Sünde und Vergebung sind weithin *das* Paradigma der Kirche. Damit wird man der Vielschichtigkeit der Verkündigung Jesu nicht gerecht. Die Reformation stellte (aktuell in damaliger Zeit) die Befreiung von der Sünde in den Mittelpunkt – faktisch aber nahm später die Gewissensbelastung zu. Im Sinne Jesu ist es, dass Menschen sich vor Gott jederzeit frei fühlen. [26]

5. Die Lehre von der Kirche / Ekklesiologie

Kirche: Extra ecclesiam nulla salus – der alte katholische Satz gilt faktisch auch weithin in der evangelischen Kirche: Man kann nicht ohne die Kirche Christ sein. – In der evangelischen Kirche gibt es keine Priester, aber ähnlich dem Katholizismus einen prinzipiellen Unterschied zwischen Laien und Ordinierten. – Die alten Bekenntnisse (besonders die Augsburgische Konfession) sind konstitutiv für die evangelische Kirche. Das konfessionelle Bewusstsein ist ausgeprägt. Es gilt das Priestertum aller Glaubenden, verstanden als Aufgabe aller Christen, in ihrem Lebensbereich den christlichen Glauben zu verkündigen.

Distanzierte: „Ich kann auch ohne Kirche Christ sein". Der religiöse Individualismus ist – dem Trend der Zeit entsprechend – wachsend. Durch die Kasualien (bei wichtigen Knotenpunkten im Leben wie Geburt, Heirat und Tod) bleibt ein loser Kontakt zur Kirche bestehen. – Es gibt weithin eine ökumenische Grundhaltung („Wir haben alle nur einen Gott"). Bekenntnisse sind bedeutungslos. – Jeder ist selbst verantwortlich für seinen Glauben, ein „Priester" als Mittler ist unnötig. Pfarrer sind wesentlich Repräsentanten der verfassten Kirche. – Das Ansehen der Kirche ist bei vielen negativ (sie erscheint unglaubwürdig, oft lieblos, redet Normen setzend in das eigene Leben hinein, will einen zum Sünder machen...). In letzter Zeit bessert sich das Image der Kirche.

Wertung: Zunehmender Individualismus ist auch positiv zu sehen, insofern damit auch größere Eigenverantwortung gegeben ist (die seit Langem erwünschte Mündigkeit des Christen). – Durch die Distanzierung von der kirchlichen Gemeinschaft kommt es z.T. zu einer Selbstüberforderung in der Einschätzung von Glaubensdingen. Positiv ist aber die Bereitschaft, eigene Glaubenserfahrungen zu machen und daraus zu lernen. – Das allgemeine Priestertum war lange ein unerfüllter Traum der Reformation – jetzt ist es faktisch (unbewusst) weithin realisiert, nämlich in der geistlichen Autonomie; allerdings anders, als in der Kirche gewünscht.

6. Von den letzten Dingen / Eschatologie

Kirche: Auf den Tod folgen Gericht und Auferstehung. Zu unbestimmter Zeit kommt das Ende der Welt mit der Wiederkunft Christi.

Distanzierte: Die Vorstellungen über das, was nach dem Tod geschieht, sind sehr verschieden. Sehr viele meinen: nichts. Andre glauben, „dass da etwas ist", ohne Konkretion, aber mit Vertrauen auf Gott. Der kirchlichen Lehre von der Auferstehung folgen nur ca. 30 %. Immerhin etwa 30 % rechnen mit Reinkarnation. Der Gedanke eines göttlichen Gerichts scheint eine geringe Rolle zu spielen, durchaus aber der einer letzten Verantwortung. Weltende und Wiederkunft Christi spielen keine Rolle; Endpunkt ist der persönliche Tod.

Wertung: Schon das Neue Testament kennt verschiedene Bilder und Vorstellungen von dem, was nach dem Tod geschieht. Insofern ist von der Kirche mehr Offenheit zu wünschen. Ein entscheidender Gesichtspunkt für die Verkündigung dürfte sein: Was nimmt Angst und was stärkt Vertrauen und Hoffnung? – In der Lehre von der Wiederkunft Christi ist die Kirche auf die Position der jüdischen Messiaserwartung zurückgefallen und realisiert zu wenig die von Jesus verkündete Gegenwart des Gottesreiches.

7. Ethik

Kirche: Der Wille Gottes findet sich vor allem in den Geboten. Die Kirche lehrt sie und versucht, sie für die Gegenwart zu entfalten.

Distanzierte: Die Kirche wird als Werte vermittelnde Institution meist akzeptiert, ist darin aber wenig wirksam. Sie soll Bewusstsein für Gut und Böse vermitteln. In bestimmten Einzelfragen hat sie keine Autorität, gilt als inkompetent (besonders im Hinblick auf Sexualität und Partnerschaft). – Distanzierte unterscheiden häufig nicht zwischen evangelischen und katholischen Äußerungen zur Ethik (so kam es etwa zu Austritten aus der evangelischen Kirche, als die katholische Kirche die Schwangerschaftsberatung aufgab).

Wertung: Wenn viele Menschen erwarten, dass die Kirche ausschließlich für Moral (bzw. für Gut und Böse) zuständig ist, zeigt das, dass sie die spirituelle Dimension bzw. das Evangelium nicht hinreichend vermitteln konnte. – Kirchenleitende Organe sind sich wohl nur wenig bewusst, wie wirkungslos meistens ein „Wort der Kirche" ist. Distanzierte spüren bei manchen kirchlichen Verlautbarungen zu Recht, dass sie weniger vom

Geist der Liebe als von dem einer ängstlichen Traditionsabhängigkeit oder rigiden Gesetzlichkeit geprägt sind. Die von Jesus proklamierte unbedingte Priorität der Liebe hat in der Kirche erstaunlich wenig Widerhall gefunden – dafür haben Distanzierte oft ein Gespür und nehmen es der Kirche übel. – Bei der Einschätzung der Sexualität gibt es in der Kirche immer noch Lernbedarf: Sie hat bei der Liebe lange nur den Aspekt der Agape (der selbstlosen Nächstenliebe) gelten lassen und Eros und Sexus abgewertet, was faktisch mit zur Überbetonung des Sexuellen in der Gesellschaft führte. Hier kommt es (auch mit Hilfe der Distanzierten, die das nicht akzeptieren) auf Dauer hoffentlich zu einem ganzheitlichen Verständnis der Liebe. Ähnliches gilt für die Freude: Die Kirche hat lange vornehmlich ihren spirituellen Aspekt, die Seligkeit, gelten lassen. Körperliche Lust sowie Spaß und Glück auf der psychischen Ebene kamen zu kurz. Sie melden sich jetzt (z.T. aufdringlich) in der Fun-Gesellschaft zu Wort.

Konsequenzen für die Kirche

Es lässt sich gewiss darüber streiten, ob die obige Darstellung und meine subjektive Bewertung in allem stimmen. Sicher gibt es unter den Kirchenfernen individuell sehr große Unterschiede. Aber insgesamt wird hoffentlich deutlich: Der Abstand der Distanzierten von der Lehre der Kirche ist erschreckend groß. Er drückt sich teilweise in einer Minimierung der kirchlichen Lehre aus, teilweise in deutlichem Widerspruch zu den geltenden Anschauungen und Bekenntnissen.

Vieles von dem zeigen kirchensoziologische Untersuchungen seit Langem. Gemeinhin nimmt man es in der Kirche mit Bedauern zur Kenntnis und geht dann zur Tagesordnung über. Aber: Hier handelt es sich um etwa 80-90 % der Mitglieder, die sich mit ihrem Glauben in der Kirche nicht wiederfinden – wenn denn die Kirche aus den Mitgliedern besteht und nicht aus Institution und Klerus. Und selbst bei den Mitgliedern der Kerngemeinde fragt es sich ja, ob sie im Sinne der kirchlichen Lehre Rechtgläubige sind oder ob sie nicht zum Teil erfolgreich Indoktrinierte sind.

Ein Problem liegt darin, dass die offizielle Kirche ihre Mitglieder mit der Fülle ihrer Glaubensaussagen überfordert (man denke an den Katechismus der katholischen Kirche von 1992 oder vergleiche den Umfang des Evangelischen Erwachsenenkatechismus mit Luthers Kleinem Katechismus; oder mit dem mutmaßlichen theologischen Wissen der Jünger Jesu). Es fehlt heute eine Elementarisierung und Vereinfachung auf das Wesentliche.

Damit soll nicht gesagt werden, dass das, was theologische Denker – angefangen von Paulus über Augustinus und Luther bis zu Tillich und vielen anderen – erarbeitet haben, überflüssig ist. Ihre Gedanken bilden einen großen Schatz der Christenheit (auch ich nutze ihn im Augenblick). Aber mit den theologischen Schätzen ist es offenbar genauso wie mit den materiellen Schätzen, dem Mammon: Es ist schön, wenn man viel hat, und Reichtum kann viel Genuss bereiten. Und: Er kann einen gleichzeitig total besetzen, so dass man von ihm gefesselt ist. Ähnlich ist es bei den theologischen Reichtümern. Sie treten an die Stelle von spirituellem Reichtum. Auch führen sie zu einer Überbetonung des Rationalen und zum Rechthaben-Wollen – mit den entsprechenden Konflikten bis hin zu Religionskriegen.

Aber geht es beim Schatz der christlichen Überlieferung – im Gegensatz zu materiellen Werten – nicht um Wahrheit? Das meiste *war* Wahrheit, hat in einer bestimmten historischen Situation seine Bedeutung gehabt und damals (hoffentlich) gestimmt. Die Kirche der Gegenwart hat bedenklich wenig Mut, christliche Wahrheit nicht nur durch Absicherung in alten Bekenntnissen zu vertreten, sondern aus heutiger Glaubenserfahrung und Glaubensgewissheit. Insofern scheint mir der große Schatz theologischer Gedanken und Dogmen gleichermaßen Glanz und Elend der Kirche zu sein.

Mehr Offenheit wagen

Ein Kernproblem der Distanzierten ist, wenn sie einer Gemeinschaft angehören, mit der sie sich im Grunde nicht identifizieren können. Weil sie bis zu 90 % der Mitglieder ausmachen, ist das eigentlich eine Katastrophe für die Kirche. Deshalb auch bröckelt sie so stark an den Rändern.

Umgekehrt muss man sich eigentlich wundern, dass nicht mehr Menschen austreten. Ich sehe vor allem drei Gründe, warum Distanzierte in der Kirche bleiben:

a) wegen traditioneller Verbundenheit,

b) wenn schon nicht wegen der Glaubensinhalte, dann aus ethischen Gründen: wegen diakonischer Aktivitäten der Kirche, wegen ihrer Wertevermittlung, ihres Friedensengagements usw.,

c) vor allem, weil die Kirche die Repräsentantin von Religion ist.

Darauf könnte die Kirche sich weiterhin ausruhen. Nur wird sie damit ihrem eigenen Anspruch nicht gerecht. Ziel der Kirche müsste unbedingt sein, dass sich das Gros ihrer Mitglieder mit ihr identifizieren kann, also etwa sagen könnte: „Die evangelische bzw. katholische Kirche ist meine Kirche; ich will Mitglied in ihr sein, weil ich mich mit meinen Glaubensvorstellungen darin wiederfinde“ – statt (wie häufiger zu hören): „Ich bin komischerweise immer noch drin.“

Dazu gehört, dass Mitarbeitende in der Kirche den Menschen das Gefühl geben: „Wir achten eure religiösen Überzeugungen – auch wenn es nicht unsere eigenen sind.“ Das könnte Distanzierte ermutigen, sie überhaupt auszusprechen – ohne Angst vor kirchlicher Abwertung und Bevormundung! Und kirchliche Mitarbeiter/innen sollten die Menschen möglichst nicht verärgern: mit Amtsüberheblichkeit, mit Glaubensnormen, mit häufigem Moralisieren, mit kirchenrechtlichen Vorschriften (der Umfang kirchlicher Gesetzessammlungen ist eigentlich ein Skandal).

Wie ist die künftige Richtung?

Ich vermute, dass die Kirche vor einer Entscheidung steht: Wenn sie weiterhin an ihren engen traditionellen Lehrnormen festhält, werden immer mehr Menschen sie verlassen. Es wird zwar auch weiterhin Menschen geben, die sich gerade von dem stark Normierenden angezogen fühlen. Und diese kleiner gewordene Kirche kann auch durchaus in der Gesellschaft mit einer gewissen Achtung rechnen, gerade durch ihre Fremdheit. Sie wird auf Dauer womöglich sektenhafte oder fundamentalistische Züge entwickeln. Wenn sie aber Volkskirche bleiben will, so kann sie das wohl am ehesten, wenn sie sich öffnet, alte Positionen relativiert und einer größeren Vielfalt von Glaubensinhalten Raum gibt.

Wahrscheinlich ist latent eine Richtungsentscheidung schon gefallen: für eine offene Volkskirche. Am zähesten werden sich vermutlich weiterhin Kirchenhierarchien einem Wandlungsprozess widersetzen (ähnlich wie bei dem ökumenischen Annäherungsprozess zwischen katholischer und evangelischer Kirche, der ja auch an der Basis schon weit fortgeschritten ist, aber auf der leitenden Ebene stagniert). Wahrscheinlich erhöht sich mit jedem Schritt in ein höheres Amt die Angst, man könne sich schuldig machen an der Zerstörung des Erbes der Väter – menschlich verständlich. Nur gilt offenbar auch im Hinblick auf die Kirche der Satz Jesu: „Wer sein Leben erhalten will, wird es verlieren“ – d.h.: Wer die Kirche in ihrer traditionellen Gestalt erhalten will, zerstört ihre Lebendigkeit und vermindert ihre Mitgliederzahl.

Signale von Veränderung

Nach vielem Kirchenkritischen etwas Positives: Mein Eindruck ist, dass manches von dem, was notwendig ist, schon realisiert wird – allerdings oft unter der Hand. Es gibt zwar (gelegentlich auch unter jungen Pfarrer/innen) immer noch solche mit einem steilen Amtsbewusstsein. Aber nicht wenige kirchliche Mitarbeiter/innen haben sich – in einem kollektiven Veränderungsprozess gleichzeitig mit den Distanzierten – dem Denken der Kirchenmitglieder angenähert.

Diese partielle Haltungsänderung der Kirche (etwa spürbar im kirchlichen Unterricht) hat eine partielle Annäherung der Distanzierten an ihre Kirche möglich gemacht. Noch wirksamer war sicher deren weithin vollzogene Emanzipation von den Herrschafts- und Bestimmungsansprüchen der Kirche. Das findet seinen Ausdruck darin, dass es nicht mehr soviel Feindschaft gegenüber der Kirche gibt wie noch vor 10 – 20 Jahren; in den steigenden Eintrittszahlen; auch darin dass in den letzten Jahren Hl. Abend- und Osternachtgottesdienste stärker besucht werden usw.

Anscheinend geschieht noch mehr: Nachdem die Kirche entmachtet und ihr das religiöse Monopol genommen ist, scheint sich eine neue Offenheit für Religion einzustellen. Tageszeitungen und Magazine, Bühnen, Fernsehprogramme und Literatur öffnen sich vermehrt religiösen Themen – freilich nicht im Sinne konfessioneller Kirchlichkeit, sondern eher als Sprachrohr der Distanzierten.

Nicht zu unterschätzen ist schließlich auch ein Phänomen, das es schon seit vielen Jahren gibt: Volkshochschulen und Sportvereine bieten Kurse in Yoga oder ähnlichen körperübenden Verfahren an. Unzählige Menschen haben daran teilgenommen und durch Körpererfahrung und Erleben von Stille (unbeabsichtigt) neue Zugänge zum Religiösen gefunden.

Das alles ist noch nicht der „fahrende Platzregen", von dem Luther sprach, und es ist beileibe nicht kirchennah. Aber es ist Ausdruck wachsender Nähe zum Religiösen, und das bedeutet in unserm Kulturkreis: Nähe vor allem zum Christentum. Wird die Kirche sich dem spirituellen Strom der Gegenwart öffnen? Nicht unkritisch, aber freundlich; in der Bereitschaft, Neues dazuzulernen?

Wir können vermutlich davon ausgehen, dass jeder Mensch eine religiöse Dimension in sich hat. Sie kann zwar sehr verschüttet sein. Aber tief in der Seele gibt es eine Sehnsucht nach dem Göttlichen, nach Vertrauen, nach Liebe, nach Wahrheit. Vielleicht könnten die, die in der Kirche angestellt sind, manchmal etwas gelassener arbeiten, wenn sie mehr darauf vertrauen würden, dass das Göttliche mit jedem Menschen seine Geschichte hat.

Wünschenswertes

Ich fasse zusammen, was mir hilfreich und notwendig scheint, damit Distanzierte sich ihrer Kirche eher zugehörig fühlen können:

1. Dass Distanzierte eine alternative Art der Kirchenmitgliedschaft leben, müssten Mitarbeitende (und Kerngemeinde!) akzeptieren – ohne Vorwurfs-

haltung und ohne Erwartungsdruck, das zu ändern. Das wird am besten aus einem Gefühl der Solidarität geschehen, nämlich aus dem Bewusstsein, dass Distanz zum Göttlichen ein menschliches Grundbedürfnis ist (vielleicht auch das eigene).

2. Gleichzeitig sind Distanzierte als Mitglieder der Kirche nicht aufzugeben, sondern es ist immer neu zu überlegen, welche Angebote ihnen gemäß sind (z.B. musikalische Aufführungen, offene Veranstaltungen mit den für sie typischen religiösen Themen, Kunstausstellungen u.a.m.). Im übrigen liegt die beste „Mission“ in Offenheit und Glaubwürdigkeit der Kirche; und in einer besseren kirchlichen Kommunikationsfähigkeit.

3. Den Distanzierten ist ihr Synkretismus zuzugestehen (der ja auch im Neuen Testament schon unverkennbar ist, z.B. in der Integration jüdischer, hellenistischer oder ägyptischer Traditionen). Das bedeutet keineswegs Verzicht auf theologische Auseinandersetzung, freilich auch Lernbereitschaft der Kirche und Öffnung für Neues, besonders für Glaubenserfahrungen. Hier gibt es viel Lernbedarf auch in der theologischen Ausbildung.

4. Die Kirche könnte an Glaubwürdigkeit bei den Distanzierten gewinnen, wenn es ihr weniger um Selbstbehauptung, weniger um ihre eigene Existenz und weniger um eine starke Position in der Gesellschaft ginge, sondern mehr um ihre Aufgabe (hier lässt sich aus dem negativen Beispiel der politischen Parteien lernen). Und ihr täte eine Portion Demut gut, ein Wissen, dass sie nicht im vollständigen und alleinigen Besitz der Wahrheit ist.

5. Die Distanzierten haben der Kirche – über das Finanzielle hinaus – durchaus Wesentliches zu geben, z.B. in ihren kritischen Anfragen. Sie bringen aus ihrem Alltag oft eine Portion gesunden Menschenverstandes mit in eine reichlich mit Ideologien befrachtete Kirche. Mehr noch: Da sie wenig kirchlich verbunden sind, haben sie mehr Offenheit für den großen Markt von Religionen und Weltanschauungen. Sie erproben, was sie anspricht, und werden dadurch zu Entdeckungsreisenden in Länder, die zu erschließen der Kirche gut täte. Das Göttliche hat sich gewiss ja auch in andern Religionen offenbart – es ist an der Zeit, davon zu lernen.

9. Die Dominanz des Männlichen aufgeben – Weibliches und Männliches in Religion und Kirche wahrnehmen und achten

Vielen ist die Kirche in ihrer Gestalt so vertraut und selbstverständlich, dass sie kaum anders vorstellbar ist. Vielleicht allzu selbstverständlich? Denn eigentlich wurde sie ja in ihrer langen Geschichte sehr einseitig geprägt: fast nur von Männern. Eine ausschließlich von Frauen geprägte Kirche sähe mit Sicherheit ganz anders aus. Lassen wir einmal offen, was besser wäre. Aber ohne Zweifel läge in der Verbindung von weiblichem und männlichem Gestaltungspotenzial eine riesige Chance.

Nun ist es bei genauerer Betrachtung nicht so, dass dieses gar nicht zum Zuge gekommen wäre. Nicht nur dadurch, dass in jüngerer Zeit zunehmend Frauen in leitenden Positionen der Kirche tätig sind. Vielmehr hat seit jeher eine Rolle gespielt, dass es in Männern weibliche Anteile gibt wie umgekehrt in Frauen männliche Anteile.

Die Gehirnphysiologie hat in den letzen Jahrzehnten in dieser Hinsicht weiterführende Entdeckungen gemacht: Jeder Mensch verfügt über zwei unterschiedliche Gehirnhälften, von denen man die rechte als „weiblich" und die linke als „männlich" charakterisieren kann. Interessanter Weise findet sich, was die Inhalte betrifft, eine ziemlich genaue Entsprechung in der uralten chinesischen Unterscheidung von Yin und Yang. Und Parallelen gibt es auch bei C.G. Jung in seiner Konzeption von Anima und Animus.

Als erstes ist also festzuhalten: Menschen sind von der Grundausstattung ihres Gehirns immer männlich *und* weiblich. Als zweites, was banal erscheinen mag: Frauen haben meist überwiegende weibliche Anteile, Männer überwiegend männliche. Als drittes ist aber darauf hinzuweisen, dass es individuell sehr unterschiedlich ist, welche Persönlichkeitsanteile jemand in seinem Leben realisiert. Wir alle kennen Männer, die sehr viel Weibliches haben, und umgekehrt Frauen mit starken männlichen Anteilen. Im Laufe des Lebens kommt es nicht selten zu Veränderungen, teilweise durch bewusste Integration des Gegengeschlechtlichen, teilweise durch den Alterungsprozess: Männer werden oft weiblicher, Frauen oft männlicher.

Manche Missverständnisse könnten vermieden werden, wenn man/frau sich klar machte: „Mann" ist nicht immer identisch mit „männlich". „Frau" ist nicht immer identisch mit „weiblich". Dabei kommt noch etwas anderes ins Spiel: „Weiblich“ und „männlich“ sind heiklen Bewertungen ausgesetzt, die unterschiedlich sind, je nachdem wo man steht.

Was ist eigentlich „weiblich“ bzw. „männlich?

Um das zu unterscheiden, kann man vordergründig von populären Vorstellungen ausgehen, präziser aber von den oben erwähnten gehirnphysiologischen Untersuchungsergebnissen. Und schließlich kann man auch die alte Unterscheidung von Yin und Yang mit zu Rate ziehen. Bei der folgenden Auflistung habe ich mich bemüht, wertfreie Begriffe zu verwenden. Denn ich gehe zunächst davon aus, dass wir alle mit unsern beiden Gehirnhälften über ein riesiges und wunderbares Potenzial verfügen. In der Evolution haben beide Seiten ihre Nützlichkeit, ja Notwendigkeit erwiesen. Wie wir sie nutzen, ist dann eine andere Sache. Grundsätzlich kann man jedem Begriff in der folgenden Auflistung einen positiven oder negativen Akzent geben.

Zu den Unterschieden männlicher und weiblicher Wesensmerkmale (bzw. Yang und Yin)

„maskulin" / Yang	***„feminin" / Yin***
A 1 Denken	**B 1 Fühlen**
Rationalität	Emotionalität
Logik, Rechnen	Körperempfinden
Sachlichkeit	Intuition
A 2 Unterscheidung	**B 2 Ganzheitlichkeit**
trennen (entweder…oder)	verbinden (…und…)
analysieren	Zusammenhänge sehen
oben…unten, mehr…weniger als…	Vernetzung
Herrschaft, Hierarchie, Macht, Geltung	Sinn für Symbol und Mythos
Kontrolle, Rivalität, Wettbewerb	bejahen, akzeptieren
bewerten, urteilen, verurteilen	sein lassen
A 3 Distanz in Beziehung	**B 3 Verbundenheitsgefühl**
Individualität	(...mit Menschen, Natur usw.)
Grenzen setzen	Kontaktbereitschaft
(unbeteiligt) beobachten	Kommunikationsfähigkeit
fest, hart	Einfühlungsvermögen
	Diplomatie
	Grenzen überwinden, ausgleichen
	flexibel, weich
A 4 Aktivität	**B 4 Passivität**
„zeugen"	„empfangend sein"
handeln, (selber) machen	wachsen lassen, geschehen lassen,
verändern, gestalten	fürsorglich sein, bewahren, pflegen
zielgerichtet, lösungsorientiert	genießen, sich helfen lassen
Aggressivität	in der Gegenwart leben
Mut und Bereitschaft zum Nein	geduldig sein, beharrlich sein
Konfliktbereitschaft	hingabefähig sein
Kampfbereitschaft (auch beschützend)	leidensfähig sein, Leid innerlich bewältigen
A 5 Ordnung	**B 5 „Chaos"**
linear denkend (nacheinander)	zyklisch, periodisch (wiederkehrend)
Struktur, Systematik, Wissen, Wissenschaft	Kreativität, Phantasie
Forschung, technische Orientierung	Erfahrung, Weisheit
Suche nach Gerechtigkeit und Wahrheit	Kunst, musische Fähigkeiten
Erkenntnis, Klarheit	(Poesie, Musik, Malerei, Tanz, Spiel...)
Bewusstheit, Sprache	Spiritualität, Übersinnliches, Magie
Leben (erhalten)	Tod (geschehen lassen)

Ich habe mehrfach in Gruppen erlebt, dass sich nach der Betrachtung dieser beiden Spalten hitzige Streitgespräche entwickelten. Um unnötigen Missverständnissen vorzubeugen, betone ich noch mal: Es sind nicht etwa links die Männer „abgebildet" und rechts die Frauen, sondern beide Geschlechter haben prinzipiell beide Möglichkeiten (zur Verdeutlichung setze ich im Folgenden oft „männlich" und „weiblich" in Anführungsstriche). Wer also etwa herausliest: „Männer haben keine Gefühle" oder „Frauen können nicht denken", hat das Schema noch nicht verstanden. Jede und jeder wird etwas oder viel von sich in der gegengeschlechtlichen Spalte wiederfinden – und das ist gut so.

Ein Ideal wäre, wenn wir alles, was in den beiden Spalten steht, in uns verwirklichen könnten. Wenn das schon unerfüllbar ist, so wäre doch wünschenswert, dass es mindestens partiell geschieht. C. G. Jung hat gemeint, es wäre das Meisterstück der individuellen Entwicklung, wenn eine Frau ihren Animus (ihre männliche Seite) und ein Mann seine Anima (seine weibliche Seite) integrieren könne. Unsere Natur hilft uns dabei: Wenn wir uns verlieben, dann meistens in Menschen, die anders sind als wir selber, die uns ergänzen, von denen wir intuitiv lernen möchten. In uns lebt eine tiefe Sehnsucht, ganz zu werden.

Schwierigkeiten mit den „weiblichen" Seiten Jesu

Jesus hat offenbar in ungewöhnlichem Maße „weibliche" Anteile neben den „männlichen" integriert. Maskulines finde ich z.B. im Aufruf zur Veränderung („Tut Buße!"); im Streit um die Wahrheit mit Pharisäern und Schriftgelehrten; in der Geschichte von der Tempelaustreibung (A 4; die Ziffern verweisen auf die obige Tabelle). Feminines zeigt sich etwa in seinem Bemühen, die „Sünder" in die Gemeinschaft mit Gott zurückzuholen; in seiner umfassenden Akzeptanz (man denke an die Gleichnisse vom Unkraut unter dem Weizen und vom Suchen des Verlorenen); [27] schließlich in seiner Bereitschaft zu Leiden und Sterben (B 2,3,4).

Die Integration von viel Weiblichem in seiner Verkündigung führte schon in der frühen Kirche zu Problemen, denn den gesellschaftlichen Mustern der damaligen Zeit entsprechend war das männliche Element dominant, natürlich auch in den kirchenleitenden Positionen. Diesem lag die mosaische, stark gesetzlich geprägte Tradition näher (A 5). Das zeigt sich schon in den späten Briefen des Neuen Testaments: Die Verkündigung Jesu konnte sich nicht mehr in vollem Umfang durchsetzen, so dass es in der Kirche zu einem Synkretismus von mosaischer und jesuanischer Lehre kam.

Maskulines und Feminines in der Theologie

Vieles von dem, was wir in theologischer Lehre und in kirchlichen Ordnungen vorfinden, lässt sich teilweise auf männliche oder weibliche Wesensart zurückführen. Z.B. die Gottesvorstellung: Wer mit männlicher Prägung den Kosmos unter naturwissenschaftlichem Aspekt sieht, findet möglicherweise die Vorstellung eines personalen Gottes unpassend, und zu ihm zu beten, könnte ihm kindlich vorkommen (A 5). Das Wissen von der unermesslichen Größe des Alls führt ihn aber vielleicht zu Ehrfurcht und Demut. Für die weibliche Sicht ist es gerade wichtig, dass Gott Person ist, mit der man unbefangen über alles reden kann. Dazu passt Jesu Anrede „Abba“: der ganz nahe, liebevolle Vater, den man im besten Fall von ganzem Herzen liebt (B 3). Weder das eine noch das andere ist falsch oder zwingend notwendig, vielmehr können sich die Aspekte sinnvoll ergänzen.

Zum „Männlichen“ gehört ja auch das Merkmal der Unterscheidung (A 2). Das führt zu der Trennung von Gut und Böse, von Sündern und Gerechten. Das Weibliche aber tendiert dahin, auch das Nichtkonforme zu akzeptieren und die Verbundenheit aller Menschen miteinander wahrzunehmen.

Auch das hat Auswirkungen auf die Gottesvorstellung. Dem Männlichen liegt es nahe, im Rückgriff auf die mosaische Linie Gott zu sehen als den, der Normen setzt, richtet und straft (A 2). Demgegenüber erscheint die eher weibliche Gottesvorstellung Jesu unbefriedigend: ein Gott, der überhaupt nicht wertet, der die Sonne seiner Güte über Böse und Gute scheinen lässt. Die Kirche hat einen Kompromiss gesucht: Gott fordert und richtet (männlich) – und er vergibt (weiblich), wenn der Sünder bereut (männlich).

Für das in der Kirche dominante männliche Denken war es vermutlich schwer erträglich, dass (unbußfertige) Böse ungestraft davonkommen sollten. Ihre Grundeinstellung forderte einen gerechten Gott, der Gute belohnt und Schlechte bestraft (A 5). So kam es vermutlich dazu, dass im Urchristentum die damals populären apokalyptischen Vorstellungen aufgegriffen wurden: Danach läuft alles auf ein gewaltiges Endgericht zu, verbunden mit der Wiederkunft Christi (als Richter vorgestellt!), jetzt endlich in der Herrlichkeit, die bei seiner Kreuzigung so bitter vermisst wurde – aus weiblicher Sicht eine unnötige Korrektur.

Noch in anderer Hinsicht fügte sich die Apokalyptik gut in das männliche Konzept: Die Vorstellung, dass alles auf ein Weltende zuläuft, passte zum zielgerichteten, geschichtlichen Denken (A 4). Und der männliche Gestaltungswille, der bei allem Weltverbesserungsbemühen so oft frustriert wurde und wird, konnte sich damit trösten, dass es jedenfalls am Ende einen neuen Himmel und eine neue (optimale) Erde geben würde.

Das alles war die Sache Jesu nicht. Man denke nur an die grenzenlos gütige Haltung des (göttlichen) Vaters im Gleichnis vom verlorenen Sohn! Was für Jesus zutreffender ist als die Apokalyptik, findet sich auf der „weiblichen“ Seite: das bedingungslose Annehmen (B 2), die Konzentration auf die Erfahrung der Gegenwart (B 5), die Akzeptanz des Leidens (B 4) und anderes. [28] In der Tat hat sich die Naherwartung der Wiederkunft Christi als großer Irrtum erwiesen. Für Jesus war die Erde gut, so wie sie ist. Die Seligpreisungen lassen erkennen, dass das nach seiner Überzeugung sogar für die galt, die leiden mussten. [29] Sein Ziel ist nicht eine zukünftige Erfüllung, sondern eine erfüllte Gegenwart (B 4).

Männlicher und weiblicher Umgang mit der Bibel

Wer Theologie studiert, begegnet normalerweise stark dem maskulinen Prinzip. Die Universitätstheologie versucht seit jeher, sich historisches und philologisches Wissen sowie analytische Methoden zunutze zu machen, um biblische Texte aufzuschlüsseln (A 2,5). Durch eine distanzierte Betrachtungsweise sind große Erfolge im Hinblick auf ihre sachgerechte Einordnung und ein richtiges Verständnis erzielt worden. Und auf die Ergebnisse der historisch-kritischen Erforschung der Bibel wird heute kaum jemand verzichten wollen.

Freilich erinnere ich mich auch an manche Predigtvorbereitung, wo ich nach der Lektüre von mehreren Kommentaren vieles über den Text wusste, aber das verwirrte mich nur bei meinem Bemühen, einen persönlichen Zugang zu ihm zu bekommen, seinen Sinn und seine Dynamik zu verstehen. Um solchem Mangel abzuhelfen, wurde es irgendwann üblich, eine „Meditation“ als wichtigen Schritt zur Predigtvorbereitung zu planen.

Das liegt dem weiblichen Zugang zur Bibel näher. Denn dort geht es um die Fragen: Was spricht mich an? Wie berührt es mich? Welche Einfälle kommen? Wie ist das, wenn ich einen Text in Verbindung bringe mit Erfahrungen meines Lebens? Wie drücke ich das in meiner Sprache aus? Solche Zugänge zur Bibel werden heute in der kirchlichen Arbeit unterstützt durch freies Gespräch in einer Gruppe, durch Bibliodrama und andere kreative Methoden (B 5). Der hier skizzierte männliche und weibliche Umgang mit der Bibel kann beispielhaft dafür sein, wie gegenseitige Ergänzung zu einem besseren Ergebnis führen kann.

Wort Gottes

Vom maskulinen Ordnungsdenken her gilt weithin die Bibel als das Wort Gottes: Es ist ein für allemal von Gott offenbart, irgendwann im 2./3. Jahrhundert in Umfang und Inhalt festgelegt im Kanon, in den nichts hinein- und nichts hinauskommen konnte. Das entsprach vermutlich einem Sicherheitsbedürfnis: Es sollte keine Verwirrung geben über richtige Lehre, über gültige oder ungültige Gottesoffenbarung. Diese Maßstäbe gelten ähnlich bis heute.

Aber das würde auch bedeuten, dass alle Gottesoffenbarung nach Verfassen der biblischen Schriften aufgehört hat und dass Gott seitdem geschwiegen hat. Diese dem männlichen Denken nahe Position ist unhaltbar. Zum Weiblichen gehört die Kommunikation (B 3), auch eine größere Bereitschaft zur Kommunikation mit Gott: nicht nur einseitig als Bitt- oder Dankgebet, sondern auch im Vernehmen von Gottes Antwort und von göttlichen Eingebungen. Dabei gibt es keine Garantie, dass diese „echt“ sind. In der Kirche hat es immer wieder zu ärgsten Schwierigkeiten geführt, wenn durch persönliche Offenbarungen kirchliche Lehre in Frage gestellt wurde. Viele Christinnen und Christen haben das mit dem Leben büßen müssen. Die Kirche wiederum hat ihre verschlossene Haltung mit Erstarrung bezahlen müssen.

Übrigens hat Luther nach einem Kompromiss gesucht, indem er das geschriebene Wort der Bibel unterschied von der viva vox, der lebendigen, aktualisierten, gepredigten Stimme des Evangeliums. Aber das wird kaum genügen. Heute dürfte es wichtig sein, Menschen zu ermutigen, dass sie damit rechnen, dass Gott zu ihnen reden könnte und dass sie ihn vernehmen können. Und sie sollten das ernst nehmen – ohne den Anspruch, dass das ihnen Gesagte allgemein gültig ist. Hilfreich zur Vergewisserung kann es sein, das Empfangene mit der Gottesanschauung Jesu zu vergleichen.

Solche Freiheiten in der Gotteswahrnehmung erschienen und erscheinen der eher männlich geprägten Theologie bedrohlich. Sie entwickelte – zunächst im Gegenüber zur katholischen Kirche – das Ideal der pura doctrina, der reinen Lehre. Die Grenzen dieses Prinzips wurden in der Zeit der lutherischen Orthodoxie deutlich, die sich nach Luthers Tod entwickelte: Man wollte unbedingt das Erbe der Reformation rein erhalten – und es entstand eine unlebendige, rationalistische Kirche. Der Mangel wiederum führte zur Geburt des Gegenpols: des Pietismus, der stark weibliche Züge hatte.

Weibliche Grundhaltung eröffnete später auch die Möglichkeit des ökumenischen Gesprächs zwischen den christlichen Konfessionen, in jüngster

Zeit auch des Gesprächs mit andern Religionen. Es wächst die Einsicht, dass es dabei nicht nur um Toleranz und Vermeidung von religiös motivierten Konflikten geht, sondern dass wir von andern Religionen aus ihrer religiösen Erfahrung etwas für unsere Gottesbeziehung lernen können. Das ist ein großer Schritt angesichts der von früher her verbreiteten männlichen Haltung, die eigene Position zu verabsolutieren („die allein selig machende Kirche"). Die „männliche" Kirche wusste sich in alten Zeiten keinen anderen Rat, als „Heiden" mit Gewalt zu taufen und die „Irrenden" zu verdammen oder zu eliminieren.

Kirche und Gemeinde

Männliches Denken sieht die Kirche wesentlich als Organisation. In den letzten Jahrzehnten gab es konsequenter Weise ein ständiges Bemühen, die Strukturen zu verbessern, was – bei konservativer Grundhaltung – meist in kleinen Schritten geschah; in letzter Zeit auch in größeren, genötigt durch geringere Einnahmen. Bevorzugtes Prinzip ist dabei gegenwärtig, größere Einheiten zu schaffen (Verbindung von Gemeinden, Kirchenkreisen, Landeskirchen). Dabei ist fragwürdig, ob das, was finanzielle Entlastung bringt, auch spirituelles Wachstum fördert.

Um das Schreckgespenst des Chaos' zu bannen, sind angeblich viele Gesetze und Verordnungen notwendig, viele davon vorsorglich; denn auf keinen Fall darf es einen Präzedenzfall geben! Damit Ordnungsgesichtpunkte durchgesetzt werden können, scheint es in diesem männlichen Denken einer Hierarchie von Ämtern zu bedürfen (A 2; besonders schön sichtbar in der katholischen Kirche: in vielen Stufen von dem mit niederen Weihen bedachten Diakon bis zum Papst).

Zum kirchlichen Amt führt nach „männlichem" Verständnis einerseits theologische Wissen, das durch ein rational geprägtes Studium erworben wird, zum andern die Priesterweihe bzw. die im Protestantismus leicht abgemilderte Form der Ordination – beide akzentuieren stark den Unterschied zum sog. „Laien". Pfarrerinnen und Pfarrer werden lebenslang mit geistlichen Befugnissen ausgestattet und können durch die damit verbundene Autorität auch Ordnungsfunktionen wahrnehmen. An solche Weihen ist auch die sog. „Verwaltung der Sakramente" gebunden, die den Amtsträgern mindestens früher erhebliche Macht gab (A 2), denn ohne Taufe, Abendmahl und kirchliche Sündenvergebung konnte nach damaliger Anschauung niemand selig sterben.

Bevor wir die Kirche aus weiblicher Sicht betrachten, sei daran erinnert, dass Jesus keine Kirche gegründet hat. Sein Wirken lebte vor allem von seinem göttlichen Charisma und von seiner Gemeinschaft mit den Jüngern. Theologisches Wissen spielte kaum eine Rolle. [30] Wichtiges Ziel der Verkündigung Jesu war, das Prinzip des Reiches Gottes, des Glaubens und der Liebe zu verstehen, es in sich aufzunehmen und es in der aktuellen Situation anzuwenden. Hierin findet sich fast nichts von der männlichen Kirchenkonzeption.

Im Zentrum eines „weiblichen“ Kirchenbegriffs steht vor allem die Gemeinde und damit die Gemeinschaft (B 2,3). Grundlage dafür ist, dass Christinnen und Christen sich gegenseitig kennen oder dass sie sich durch eine spirituelle Gemeinschaft verbunden wissen. In diesem Modell kann eine Gemeinde durchaus ohne gesamtkirchlichen Zusammenhalt bestehen. Wenn etwas zu regeln ist, dienen dazu Gespräche. Daraus können Vereinbarungen entstehen, die von Fall zu Fall der Situation entsprechend gesucht werden – möglichst im Konsens, oft in Form eines Kompromisses. Vor allen Ämtern gilt das Priestertum aller Glaubenden, da davon auszugehen ist, dass alle spirituell begabt sind. Übergemeindliche Ämter wird man in diesem Konzept kaum finden. Wenn es ein Wirken über die Gemeindegrenzen hinweg gibt, dann am ehesten aufgrund eines besonderen Charismas (wofür überprüfende Examina wiederum unerheblich sind). Innerhalb einer Gemeinde können sich je nach Begabung und Erfahrung spezifische Funktionen entwickeln. Wo die „männliche“ Kirche für den Finanzbedarf ein Kirchensteuersystem organisiert hat, lebt die „weibliche“ Gemeinde von Spenden und stärkerer ehrenamtlicher Arbeit.

Zur feministischen Theologie

Sie ist nicht gleichzusetzen mit einer „weiblichen“ Theologie, obwohl es natürlich viele Gemeinsamkeiten gibt. Verkürzt gesagt: In der feministischen Theologie geht es vielfach um die Position von Frauen in Bibel und Kirche, in Theologie und Gesellschaft; in der „weiblichen“ Theologie dagegen um weibliche Persönlichkeitsanteile bei Frauen und Männern: Wie gestaltet sich aus ihnen Leben, Glaube und Theologie?

Die Wurzeln der feministischen Theologie dürften im (säkularen) Feminismus liegen – angesichts der eklatanten Benachteiligung von Frauen in unserer Gesellschaft eine immer noch dringend notwendige Bewegung. Sie kann offenbar nur Erfolge erzielen, wenn sie ihre Ziele kämpferisch verfolgt. Dabei nutzt sie sinnvoller Weise „männliche“ Wesensanteile und Mittel (A 2,4,5). Wünschenswert finde ich, wenn das den Vertreterinnen bewusst ist und sie nicht pauschal alles Männliche bekämpfen.

Gelegentlich scheint mir diese Gefahr auch bei feministischen Theologinnen gegeben. Aber überwiegend haben sie sich für die gesamte Kirche Verdienste erworben, dadurch dass sie weibliches Denken gefördert haben und in der Gemeindearbeit weibliche Gestaltungsformen entwickeln und praktizieren. Ein Schwerpunkt liegt oft darin, die Frauengestalten der Bibel stärker ins Bewusstsein zu heben. Das kann das Selbstbewusstsein von Frauen stärken, ist aber nicht automatisch „weibliche" Theologie. Ähnliches scheint mir für die „Bibel in gerechter Sprache" zu gelten, die ansonsten interessante Denkimpulse gibt. Freilich ist der Gedanke der „Gerechtigkeit" dem „männlichen" Bereich zuzuordnen (A 5); er dürfte für Jesus belanglos gewesen sein. Und wichtiger als weibliche Gottesbezeichnungen finde ich, dass die Gottesvorstellung der „weiblichen" Sichtweise Jesu entspricht. In der Theologiegeschichte kommt wohl die Mystik einer umfassenden Integration des Weiblichen am nächsten. Und die Mystikerinnen und Mystiker sehe ich auch am ehesten identisch mit der Verkündigung Jesu. –

Im Rückblick auf das Dargelegte muss ich eingestehen, dass hier das Weibliche in Theologie und Kirche wohl insgesamt in einem besseren Licht erscheint als das Männliche. Das hängt vor allem damit zusammen, dass zwar das Männliche für Theologie und Kirche Wesentliches beigetragen hat, bisher aber allzu dominant war und dem Weiblichen zu wenig Gestaltungsraum gegeben hat. Und im Spirituellen ist – der Spur Jesu folgend – das Weibliche stärker gefragt. Den Männern mag es ein Trost sein, dass viele von ihnen auch mit ihren weiblichen Seiten immer schon Glauben und kirchliche Gemeinschaft mitgestaltet haben. Und hoffnungsvoll ist heute die gesamtgesellschaftliche Entwicklung: Immer mehr Frauen integrieren Männliches und immer mehr Männer Weibliches.

10. Lebenserfüllung in der Liebe – Lebenserweiterung in der Partnerschaft

Die Liebe steht im Zentrum des christlichen Glaubens. Nach Jesus geht es um das höchste Gebot, wenn er aus dem Alten Testament zwei Stellen zusammenfügt: „Du sollst den Herrn, deinen Gott, lieben von ganzem Herzen, von ganzer Seele und von ganzem Gemüt. Dies ist das höchste und größte Gebot. Das andere aber ist dem gleich: Du sollst deinen Nächsten lieben wie dich selbst“ (Mt 22,37-39). Die Christen sind an diesem Gebot immer wieder gescheitert. Nicht selten hat sich in ihrer Geschichte die ganze Kirche der Missachtung dieses Gebots schuldig gemacht. Häufig haben einzelne zwar versucht, das Liebesgebot ernst zu nehmen, aber herausgekommen ist oft nur ein bemühtes Pflichtbewusstsein – und damit wieder eine Abhängigkeit vom Gesetz, das doch eigentlich überwunden sein sollte. [31]

Warum ist Lieben so schwer?

Die Misserfolge sind teilweise vom Wesen des Menschen her verständlich. Wir können nicht leben ohne unser Ego. Das verhindert oft die Hingabe, die zur Liebe gehört; meistens als Folge von Angst: „Wenn ich hingebungsvoll bin, dann komme ich selber zu kurz; also muss ich meine Liebe sparsam dosieren.“ Auch verhindert das Ego die Liebe oft durch übernommene Vorurteile, aufgrund von Kränkungen und durch sein eigennütziges Denken: „Zuerst komme ich mit meinen Wünschen und Interessen, danach dann vielleicht durchaus die andern (man will ja kein schlechter Mensch sein!)“.

Dem Ego gegenüber steht in uns eine Liebe, die uns von Geburt an mitgegeben ist: Wir können und wollen lieben. Für Erwachsene ist es oft erstaunlich oder auch beschämend, wie liebevoll Kinder sein können: wie großzügig sie schenken, wie hingebungsvoll sie ihrer Liebe Ausdruck geben, wie großherzig sie verzeihen. Wenn ihnen die Liebe im Laufe des Großwerdens abhanden kommt, liegt das oft an ihrem Lebensumfeld: am lieblosen Vorbild der eher egozentrischen Erwachsenen, an erlittener Gewalt, an einer Erziehung, die Norm und Pflichterfüllung an die erste Stelle setzt.

Die Kirche, die eigentlich die Liebe fördern sollte, ist an ihrer schwachen Entwicklung nicht unschuldig. Sie verhindert sie oft durch eine lebensfeindliche Ideologie: Sie will die „reine Liebe“, die Agape, die selbstlose, bedingungslose, nicht bedürftige, unbegrenzte, letztlich göttliche Liebe. Paulus rühmt sie im Hohelied der Liebe: „…sie erträgt alles, sie glaubt alles, sie hofft alles, sie duldet alles…“ (1. Kor 13).). [32]

Es gibt diese Agape durchaus unter uns, oft nur punktuell, bei manchen Menschen sogar in einem kraftvollen Fluss. Aber meistens wird die Liebe unter uns als eine Mischform aus vier verschiedenen Erscheinungsweisen verwirklicht: 1. Sexus (die vorwiegend körperliche Liebe), 2. Eros (das psychische Verlangen), 3. Philos (die vertrauensvolle, geistige Liebe) und schließlich 4. Agape. Anscheinend können wir die letztere nicht haben, wenn wir die andern menschlichen Formen der Liebe nicht auch bejahen. Auch sie wollen und sollen leben, obwohl in ihnen immer Ego-Anteile mitschwingen. Die (göttliche) Agape liebt auch Sexus, Eros und Philos, und wer ihr das verwehren will, droht sie zu verlieren.

Manchmal freilich können die ersten drei Formen regelrecht beherrscht werden vom Ego und treten dann in unschöner oder destruktiver Weise in Erscheinung. Der Sexus z.B. kann sich als beziehungslose Gier äußern; bis hin zu Vergewaltigung. Der Eros kann durch seine Faszination zu Untreue verführen und die Sehnsucht nach einem andern Menschen zu kopfloser Besessenheit steigern. Der Philos kann einen geliebten Menschen auf eine Weise idealisieren, dass es unvermeidlich zur Enttäuschung kommen muss und so letztlich die Beziehung zerstört wird.

Diese und andere negative Erscheinungsweisen der Liebe mögen dazu geführt haben, dass vor allem Sexus und Eros in der Kirche traditionell diffamiert wurden. Aber damit wurde auch der Agape die menschliche Energie entzogen. Denn positiv gibt der Sexus der Agape Vitalität und Tatbereitschaft. Der Eros schenkt ihr Aufmerksamkeit, Mitgefühl und Herzlichkeit. Der Philos steuert gegenseitiges Erkennen und Verstehen bei. Das alles nährt die Agape in menschlichen Verhältnissen.

Ein Liebesersatz

Wer diese mit irdischen Anteilen vermischte Agape nicht will oder sie nicht realisieren kann, wird oft dazu neigen, das was sie täte, aus eigener Willenskraft zu tun. Dann wird daraus Pflichterfüllung. Diese ist gerade unter gutwilligen Christinnen und Christen sehr verbreitet. Besonders das Preußentum hat die Pflicht zu einem ethisch leitenden Prinzip gemacht – als Ideal ist sie sehr verbreitet. Ihr Vorzug ist, dass sie bis zu einem gewissen Grade machbar ist und dass sie das eigene Ego mit seinem Leistungsdenken befriedigt. Aber sie ist auch anstrengend und macht einen Menschen auf Dauer nicht froh. Im schlechtesten Fall fühlt er sich irgendwann leer und ausgebrannt und hat trotzdem noch das Gefühl, nicht genug getan zu haben. So entstehen die „hilflosen Helfer".

Nicht selten ist mit dem Pflichtgefühl das Bedürfnis verbunden, einen beherrschenden Einfluss auszuüben (das Ego will doch auch etwas von der aufgewendeten Mühe haben!). Andere fühlen dann meist: Da tut jemand viel – aber es ist „nicht die wahre Liebe". Immerhin wird man anerkennen müssen: Vieles, was Menschen nützt, würde ohne das auf der mentalen Ebene angesiedelte Pflichtgefühl unterbleiben – weil wir über die Agape nicht verfügen können.

Manchmal erscheint der rationale Begriff Pflicht auch sympathischer, als wenn man immer von Liebe zu redet: Das kann sentimental, gefühlig oder abgeschmackt wirken. Es lässt sich verhindern, wenn man die vielen konkreten Spielarten der Liebe ins Auge fasst. So kann sie etwa unter dem Namen Großzügigkeit daher kommen; oder als Akzeptanz, als Solidarität, als Toleranz, als Mitgefühl, als Achtsamkeit, als Verständnis, als Nachgeben, als Verzeihen, als Fairness, als Zärtlichkeit, als Fürsorge, als tätige Hilfe usw. Im besten Fall erwächst all das aus der Wurzel der Agape. Freilich kann solches Verhalten auch aus anderen Wurzeln kommen. Für den politischen Raum ist noch ein Gedanke von P. Tillich bedenkenswert: „Sozialismus ist für mich eine Widerstandsbewegung gegen die Zerstörung der Liebe in der gesellschaftlichen Wirklichkeit."

Selbstliebe

Wie jedoch findet man vom Pflichtgefühl zur Agape? Man kann sie ja nicht machen. Aber man kann eine unnötige Begrenzung der Liebe aufheben, nämlich: der oft verpönten Eigenliebe Raum geben. Auf den ersten Blick ist sie ja ein Produkt des Egos und deshalb schlecht angesehen. Man denkt an Eigennutz, Selbstgefälligkeit und Narzissmus. Wohl deshalb ist sie in der Kirche nie beliebt gewesen. Maxime war vielmehr: Denk nicht an dich, sondern denk an die andern!

Aber es gibt auch eine „gesunde" Selbstliebe. Jesus setzt sie ganz selbstverständlich voraus: „Du sollst deinen Nächsten lieben *wie dich selbst.*" Eigentlich ist es doch auch logisch: Wenn Gott uns rückhaltlos liebt, dann ist es sinnvoll, dass auch wir selber uns lieben; im besten Fall genauso umfassend und bedingungslos. Dazu würde z.B. gehören: sich selbst reichlich Gutes gönnen; fürsorglich mit sich umgehen; sich selbst achten und nicht abwerten, auch wenn man seinen Ego-Idealen nicht gerecht geworden ist; sich selbst verzeihen, wenn man Wichtiges versäumt hat oder destruktiv gehandelt hat. Die Grenze einer sinnvollen Selbstliebe ist erreicht, wenn die

Balance verloren geht und wenn ich den andern weniger liebe als mich selbst; oder wenn mir jegliche Fähigkeit zu Selbstkritik abgeht.

Jesus hat uns in dem bekannten Wort auch eine hilfreiche Grenze der Liebe mitgegeben: „Du sollst *deinen Nächsten* lieben…“ – also nicht mit unerfüllbarem Totalanspruch alle Menschen, sondern den, der jemanden braucht und dem ich der Nächste bin. Wie im Gleichnis vom barmherzigen Samariter der unter die Räuber Gefallene den Samariter brauchte. Der zog nach der Hilfeleistung von dannen und stellte weitere Hilfe in Aussicht – für den Bedarfsfall!

Eine warmherzige Selbstliebe kann die tief in uns wurzelnde Agape zu neuem Leben befreien. Manchmal spüren Menschen das unmittelbar. Wenn sie längere Zeit in der Erfüllung eigener Bedürfnisse zu kurz gekommen sind und nun selber satt werden können, fällt ihnen auf: „Jetzt kann ich plötzlich wieder lieben.“

Feindesliebe hilft uns selbst

Einen weiteren Zugang zur Agape eröffnet Jesus, wenn er sagt: „Liebt eure Feinde!“ (Mt 5,44). Auch hier überschreitet ja die Agape eine Grenze, die das natürliche Gefühl zieht: „Wie kann ich jemanden lieben, den ich gefühlsmäßig nicht mag oder der mir womöglich Schlimmes angetan hat?“ Aber in unserm Zusammenhang geht es zunächst nicht nur um andere Menschen, sondern auch um innere Feinde. Fast jeder Mensch hat bestimmte Eigenschaften und Antriebe, die er unangenehm, destruktiv oder unanständig findet und bei sich nicht leiden mag (z.B. Aggressivität, Kränkbarkeit, Gier, Feigheit). Diese Impulse sind irgendwann zu „Feinden“ erklärt worden, gewöhnlich infolge der Erziehung, die Normen in uns verankert hat und damit auch Abgrenzungen. Weil diese Persönlichkeitsanteile in das eigene Ich-Ideal nicht hineinpassen, werden sie bekämpft – meist ein ziemlich fruchtloses Unterfangen, denn sie erweisen sich oft als unbesiegbare Feinde. Sie begleiten uns als „Schatten“.

Eine Lösung des Problems gibt es eigentlich nur dadurch, dass man sie akzeptiert – so wie Jesus das mit den damaligen „Feinden“ der guten Gesellschaft getan hat, etwa mit Zöllnern und Dirnen. C.G. Jung sagt in gleichem Sinne: „Wir können nur verändern, was wir annehmen.“ Die Erfahrung zeigt: Wenn wir uns ausgesöhnt haben mit den zunächst feindlichen Schattenanteilen in uns (was besonders effektiv durch eine Therapie geschehen kann), wird die Agape zum Leben erweckt. Sie kann uns z.B. dahingehend verändern, dass wir Menschen akzeptieren, die uns früher unangenehm waren – weil wir das bei ihnen Abgelehnte nun in uns selber akzeptieren. Umgekehrt gilt: Wo sich in der Begegnung mit einem Menschen bei uns Antipathie regt, kann das ein hilfreicher Hinweis sein, dass in uns selbst etwas darauf wartet, angenommen zu werden.

Zu den Feinden, die schwer zu lieben sind, gehört auch das in unserm Geschick, was wir nicht gewollt haben: Kränkungen, Ungerechtigkeit, Verlust, vor allem Schmerzen. Es ist schwer vorstellbar, diese Lebensfeinde zu lieben. Und doch ist Tatsache: Wenn es uns gelingt, sie anzunehmen, statt gegen sie anzurennen, dann schafft uns das ein besseres Lebensgefühl. Darauf zielt auch die Bitte: „Dein Wille geschehe."

Wie kann man Zugang gewinnen zur Gottesliebe?

Ein weiterer Schlüssel zur Agape ist, sich der Liebe Gottes zu uns bewusst zu werden, die uns umgibt und die von Anfang an in uns hineingelegt ist. Das ist aber meist nicht leicht: Wenn wir sie suchen, wird zunächst die rationale Ebene aktiviert, das erlernte Wissen von der göttlichen Liebe, und das allein trägt nicht.

Ein zweiter Schritt kann dann sein, sich *konkret* die guten Dinge und liebevollen Menschen bewusst zu machen, die einen umgeben. Das kann einem schon eher das Herz erwärmen. Aber auch dies ist nicht einfach, wenn man sich in einer schlechten Stimmung vorfindet oder wenn die Lebensumstände unerfreulich sind.

Dann kann ein dritter Schritt hilfreich sein: sich darauf zu konzentrieren, was jetzt im Augenblick da ist: was ich in meinem Körper wahrnehme und was auf der Gefühlsebene ist – und dabei aufmerksam zu verweilen und möglichst nichts zu bewerten.

Ein vierter Schritt: Ich gehe davon aus, dass das, was jetzt da ist, gut und genau richtig für mich ist; dass es mir geschickt wird zu einem guten Ziel (das ich jetzt vermutlich noch nicht kenne). Das kann auch bedeuten: Ich willige ein, dass ich jetzt nicht lieben kann. Wenn dieses Akzeptieren gelingt, ergibt sich vielleicht ein Gefühl von Frieden und Dankbarkeit, und darin kann die Liebe Gottes uns nahe kommen.

Paarbeziehung – Chance zur Einübung der Liebe

Eine besondere Beachtung verdient die Liebe zwischen zwei Menschen. Nichts beflügelt sie so sehr wie die natürliche Anziehungskraft zwischen Frau und Mann, manchmal auch zwischen gleichgeschlechtlichen Partnern.

Wenn es um langfristige Beziehungen geht, ist nach traditioneller kirchlicher Anschauung die Ehe die einzige richtige Partnerschaftsform. Manche Theologen gehen so weit zu behaupten, dass Gott selbst sie eingesetzt und dem Menschen bestimmt habe. Aber dafür gibt es weder im Alten noch im Neuen Testament überzeugende Hinweise, so dass wohl anzunehmen ist, dass dahinter ein Wunschdenken steht: Die Ehe soll in ihrer Stabilität gestärkt werden. Auch werden in der Ehe im Idealfall Sexus, Eros und Philos kanalisiert und zum Besten der Partner gezähmt.

In den letzten Jahrzehnten hat sich die gesellschaftliche Situation verändert: Es ist zur Normalität geworden, dass Paare unverheiratet zusammenleben (und das anscheinend nicht schlechter als Verheiratete), dass viele Kinder unehelich geboren werden, dass ein Drittel der Ehen geschieden wird. In der Folge wurde die Position in der evangelischen Kirche abgemildert, und man spricht heute nicht vom Gebot, sondern vom „Leitbild Ehe".

Dabei wird freilich kaum zur Kenntnis genommen, dass die Ehe zwar als verbindliche, lebenslange Partnerschaft Vorteile aufzuweisen hat, aber auch Nachteile. Zu den Pluspunkten der Ehe gehört:

1. Sie bietet meist eine größere Verlässlichkeit für Kinder. Deshalb auch heiraten nicht wenige Paare, wenn ein Kind unterwegs ist.
2. Bei der Eheschließung haben sich zwei Menschen verbindlich für die Gemeinschaft ausgesprochen („Ich will..."). Das kann zur Stabilität der Ehe beitragen.
3. In unserer Gesellschaft findet der Status der Ehe traditionell mehr Anerkennung als andere Formen. Das stützt sie (auch durch finanzielle Vorteile).
4. Eine langfristige Beziehung kann vermehrt Chancen für ein beiderseitiges Persönlichkeitswachstum bieten.
5. Die Ehe kann durch größere Verlässlichkeit das Vertrauen zu einander fördern, und die Liebesbeziehung kann an Tiefe gewinnen.

Aber die Ehe weist auch Minuspunkte und Gefahren auf:

1. Mit der Eheschließung verbunden ist oft die Erwartung, die Erfahrung von Liebe und Zusammengehörigkeit zu einer immer währenden zu machen („bis der Tod euch scheidet"). Aber dafür gibt es keine Garantie und keine Sicherheit. Im Gegenteil: Das eheliche Verpflichtungsgefühl kann die Freiheit einschränken – Liebe aber ist ein Kind der Freiheit. („Wer Garantien will, will das Leben nicht.") Daher scheitern langjährige Partnerschaften manchmal kurz nach der Heirat.
2. Die Ehe kann das Besitzdenken gegenüber dem Partner steigern und damit Ansprüche an ihn. Das führt oft zu Ärger, Verweigerung und Distanzierung.
3. Die Ehe fördert oft eine übermäßige Delegation von Aufgaben und Verantwortungsbereichen an den Partner. Dadurch entsteht gegenseitige Ab-

hängigkeit, Verminderung von Kompetenz, manchmal bis zu Unmündigkeit. Besonders bei Männern ist zu beobachten, dass sie ab Hochzeit regredieren und von ihrer Frau stark das Mütterliche erwarten. Und auch Frauen begeben sich häufig in unnötige Abhängigkeit von ihren Männern.
4. Die Eheschließung erschwert eine Trennung, wo sie unvermeidlich oder sinnvoll ist, oder verhindert sie und führt dadurch nicht selten zu Resignation, Verbitterung und Verhärtung; manchmal zu Krankheit oder sogar zu tödlicher Erkrankung, weil es keinen andern Ausweg aus der zum Gefängnis gewordenen Ehe zu geben scheint.
5. Das Sicherheitsdenken, dass der Partner zu einem gehört, wird in der Ehe leicht in unrealistischer Weise gesteigert. Dadurch werden Scheidung oder Tod eines Partners oft als besonders schmerzlich, wenn nicht als unzumutbar oder nicht zu bewältigender Einbruch empfunden.

Die Partnerschaft ohne Trauschein bietet gegenüber der Ehe mehr Freiheit, ist aber von ihrem Wesen her instabiler: Man kann leichter auseinander gehen, und es kommt öfter zu einer Trennung. Dabei kann es geschehen, dass die in einer Krise liegende Chance zum persönlichen Wachstum nicht genutzt wird.

Eine nichteheliche Partnerschaft weist einige Vorzüge gegenüber der Ehe auf:
1. Da sie weniger gesichert ist als die Ehe, regt sie zu kontinuierlichem Bemühen um eine gute Gestaltung der Gemeinschaft an – das kommt der Liebe und der Freude aneinander zugute.
2. Eine offenere Beziehung fördert das Bewusstsein der Eigenverantwortlichkeit und damit die persönliche Entwicklung.
3. Sie fördert die Eigenständigkeit, und das macht die Partner oft attraktiver für einander.

Maßstäbe einer christlichen Ethik

Wie aber sind die verschiedenen Partnerschaftsformen ethisch zu beurteilen? Die katholische Kirche hat eine rigide Ehemoral beibehalten, was sich etwa darin zeigt, dass Sexualität nur in der Ehe erlaubt ist und dass Geschiedene in einer zweiten Ehe nicht kirchlich getraut werden. Das – so die Behauptung – entspreche dem göttlichen Gebot. Im Sinne Jesu freilich muss man fragen: Welche Form der Partnerschaft gibt am ehesten der Liebe einen Entwicklungsraum? [33] Eine christliche Ethik würde sich also nicht an der Quantität der Ehejahre ausrichten, sondern an der Qualität einer Beziehung: Wie leben die Partner miteinander? Was dient dem Leben aller Beteiligten: Partnern, Kindern und nicht zuletzt der Gesellschaft, in die alle verwoben sind und die ja vom gegenseitigen Geben und Nehmen lebt.

Bei genauerer Betrachtung ergibt sich, dass es *die* richtige Form der Partnerschaft nicht gibt. Denn die Voraussetzungen bei den einzelnen Menschen sind verschieden. Zwar lebt in jedem ein ambivalentes Bedürfnis: einerseits nach Gemeinschaft, Nähe und Verbindlichkeit, andererseits nach Individualität, Abgrenzung und Freiheit. Aber jeder Mensch setzt für sich die Akzente anders. Deshalb kann es für den einen zur Trennung kommen, weil sich die ersehnte Nähe mit dem Partner nicht einstellt; für den andern, weil er in zu viel Nähewünschen des Partners erstickt. Entsprechend sucht und braucht manch einer Verbindlichkeit, ein anderer Freiheit in der Partnerschaftsstruktur. Dass sich Gegensätze anziehen, macht eine Beziehung teils schwieriger, teils attraktiver und für die persönliche Entwicklung ertragreicher.

Daraus ergibt sich, dass es sinnvoll ist, wenn verschiedene Beziehungsmodelle gleichberechtigt nebeneinander stehen: Ehe, nichteheliche Partnerschaft, Wochenendbeziehung, Leben in zwei getrennten Wohnungen, homosexuelle Partnerschaft usw. Entscheidend ist nicht die äußere Struktur, sondern ob die Liebe in der gewählten Struktur lebendig bleiben kann oder ob sie etwa durch äußeren Druck erstickt wird. Wobei Liebe hier nicht nur die erotische Anziehung meint, sondern mehr noch gegenseitige Achtung, Wertschätzung und Unterstützung, Geduld sowie Verzicht auf Dominanz und Unterdrückung – also in alledem ein gutes Quäntchen Agape.

Das Gemeinsame jeder Paarbeziehung ist, dass normalerweise am Beginn die erotische und sexuelle Anziehung des anderen Geschlechts, des so ganz anderen Menschen steht. Man könnte sagen: Das ist ein genialer Trick unseres Schöpfers, denn so lernen Menschen lieben. Und wenn sie sich lieben, werden sie offener dafür, durch den geliebten Partner Fremdartiges zu akzeptieren und zu integrieren. Das lässt sie innerlich wachsen und ängstliche Enge mindern. Und dadurch wiederum kommen sie der göttlichen Weite und Liebe näher.

Anmerkungen

[1] Näheres im 2. Kapitel

[2] In *einer* Geschichte Jesu finden sich alle sieben Themen wieder: im Gleichnis vom verlorenen Sohn (Lk 15,11-32). Vermutlich ist es deshalb einer der bekanntesten Texte der Bibel. Man könnte sagen, in diesem Gleichnis steckt die ganze Theologie Jesu:

1. Das Thema *Mangel – Fülle* taucht mehrfach auf: in der Gier, als der jüngere Sohn vom Vater das Erbe eingefordert; und in der fragwürdigen Fülle, als er damit prasst; sodann als er alles verliert und am Ende drastisch den Mangel und das Darben kennen lernt, aber auch zu der Einsicht kommt: „Wie viele Tagelöhner meines Vaters haben Brot in Fülle, und ich komme hier vor Hunger um." Er erlebt dann die Fülle des Vaters im geschenkten kostbaren Gewand, im Ring und im üppigen Fest. Wie Gott uns Menschen an seiner Fülle teilhaben lassen will, wird später eindrücklich dargestellt in den Worten des Vaters an den älteren Sohn: „Du bist doch allezeit bei mir, und alles, was mein ist, ist dein."

2. Das Thema *Trennung – Verbundenheit* wird akut, als der jüngere Sohn den Vater verlässt („... und zog davon in ein fernes Land"); dann als er die Umkehr plant: „Ich will mich aufmachen und zu meinem Vater gehen." Wie sehr Gott die Nähe und Gemeinschaft der Menschen sucht, wird bewegend im Verhalten des Vaters ausgedrückt: „Als er noch weit entfernt war, sah ihn sein Vater, und es jammerte ihn. Er lief ihm entgegen, fiel ihm um den Hals und küsste ihn." Und im Fest wird dann die neue Gemeinschaft gefeiert.

3. Das Thema *Niedrigkeit – göttliche Herrlichkeit*: Zu Beginn der Geschichte demonstriert der jüngere Sohn eine typisch menschliche Pseudoherrlichkeit: als er hochmütig sein Erbe fordert und davon in Glanz und Gloria lebt. Bald darauf sitzt er in tiefster Erniedrigung bei den Schweinen. Bei der Heimkehr erhebt ihn sein Vater wieder in die ehrenvolle Position des Sohnes und gibt der neuen Würde Ausdruck in Kleidung, Ring und Fest. Der ältere Bruder ist eine tragische Figur: Er hat sich nur als (niedrigen) Diener des Vaters gesehen und nicht begriffen, was es heißt, (herrlicher) Sohn zu sein. Er verspielt die göttliche Würde.

4. *Schuld und Versöhnung* tauchen auf in der anmaßenden Forderung des jüngeren Sohns nach seinem Erbteil; in seinem verantwortungslosen Umgang mit dem Erbe des Vaters und dann in der Selbstverurteilung und Selbstabwertung: „Vater, ich habe gesündigt gegen den Himmel und vor dir

– ich bin nicht mehr wert, dein Sohn zu heißen.“ Der Vater reagiert darauf nicht mit einer Absolution, vielmehr kommt er dem Sündenbekenntnis des Sohns durch versöhnliche Umarmung und Kuss zuvor – offenbar *ist* die Sünde schon vergeben. Ausdruck dafür ist auch seine Anweisung, den Sohn zu beschenken und das Fest auszurichten. Auch vom älteren Sohn erwartet er Versöhnung mit dem jüngeren Bruder.

5. Das Thema *Schwachheit und Tod – Macht und neues Leben* taucht auf, wo der Sohn am Ende ist („Als er nun all das Seine verbraucht hatte...“), wo er gedemütigt bei den Schweinen sitzt und erkennt: „...ich komme hier vor Hunger um.“ Nach der Heimkehr gibt der Vater dem neuen Leben Ausdruck: „Dieser mein Sohn war tot und ist wieder lebendig geworden.“ Zu diesem neuen Leben gehört wesensmäßig die Freude: „Und sie fingen an, fröhlich zu sein.“

6. Um *Verblendung und Wahrheit* geht es in der Wandlung des jüngeren Sohns: von Überheblichkeit zu neuer Einsicht und Selbsterkenntnis; vor allem aber auch im zornigen, neidischen Widerstand und Irrtum des älteren Sohnes sowie im liebevollen Erklären und Werben des Vaters um eine neue Sicht. Dem Älteren könnte es wie Schuppen von den Augen fallen, wenn er begreifen würde, was nach seines Vaters Willen immer schon gegolten hat: „Alles was mein ist, ist dein.“

7. *Abhängigkeit und Freiheit:* Am Anfang gesteht der (Gott-)Vater seinem Sohn eine uneingeschränkte Freiheit zu, als er dessen unangebrachte Forderung nach seinem Erbe erfüllt. Er lässt ihn ohne Vorwurf und Mahnung ziehen. Der Sohn erlebt in krasser Weise menschliche Abhängigkeit. Als er heimkehrt, wird er ohne Anklage (etwa wegen missbrauchter Freiheit) mit offenen Armen empfangen.

[3] aus: Peter L. Berger, Erlösendes Lachen, 109f

[4] Pinchas Lapide z.B. in: Jesus der Jude

[5] Ich habe das ausführlich dargelegt in meinem Buch: Für ein befreites Leben – 52 Jesusworte.

[6] Vgl. auch Kapitel 1.

[7] Mt 18,23-35 (Das Gleichnis vom „Schalksknecht) und Lk 16,1-8 (Vom unehrlichen Verwalter)

[8] Wie in Kapitel 4 näher ausgeführt wird, ist das Ego nicht nur als negative Instanz zu sehen.

[9] Mehr dazu im 5. Kapitel.

[10] Der Konflikt wird erwähnt in Gal 3 und Apg 15.

[11] Auf die ersten drei Ebenen angewendet bedeutet das:

1. Materielle Ebene: Links haben wir es mit unserm Körper zu tun, werden uns etwa seiner Kraft oder Schwäche, seiner Lust oder seiner Schmerzen bewusst. Nach rechts, also nach außen gewendet, treffen wir auf die materielle Welt, die uns in vielfältigen Formen umgibt: mit Reichtum oder Mangel, mit Wachstum oder Zerstörung usw.
2. Psychische Ebene: Links, also innen, begegnen wir unsern Gefühlen, z.B. Freude oder Angst, Zufriedenheit oder Kummer, Friede oder Ärger. Blicken wir nach rechts, also nach außen, so geht es um Beziehungen zu andern Menschen oder zu allem, was uns emotional berührt: in Zuneigung oder Antipathie, in Neid oder Hass usw.
3. Mentale Ebene: Links bzw. in uns haben wir es zu tun mit der geistigen Welt: Gedanken und Vorstellungen, Erfahrungen und Irrtümer, Ideale und Illusionen, Weltanschauungen und verinnerlichte Normen, Erkenntnisse und Phantasien – eine Welt, in der wir uns um realistische Wahrnehmung bemühen und doch oft der Täuschung erliegen (dazu ein Bonmot von Mark Twain: „Mein Leben ist voller schrecklicher Missgeschicke..., von denen die meisten nie stattfanden."). Wenden wir uns nach rechts, also zur äußeren Welt, so begegnen wir den Inhalten der geistigen Welt, etwas dem, was der Begriff Kultur ausdrückt. Dazu gehören Wissenschaft und Forschung, philosophisches Denken und Ideologien, ebenfalls die Theologie mit Lehren und Dogmen; schließlich auch Ordnungssysteme wie dieses.
[12] Ich halte es für möglich, dass es auch außerhalb des Menschen destruktive Energien gibt. Wenn ja, dann stehen diese notwendiger Weise auch im Dienst Gottes.
[13] Gerechtigkeit ist ein in der Kirche beliebter Begriff – das ist kritisch zu sehen. Er hat verschiedene Nuancen: Juristisch gesehen ist er wichtig, weil er unverzichtbare Grundlage eines Rechtssystems ist. – Auf menschliche Lebensmöglichkeiten und Zustände der Welt gesehen kann man nur konstatieren: Die Welt ist ungerecht. Und sie wird es immer bleiben, insofern Menschen nie gleiche Chancen für ihr Leben haben werden. – Politisch gesehen kann der Begriff Gerechtigkeit nützlich sein, wo er eine Zielangabe meint. Z.B. heißt „Gerechtigkeit für die 3. Welt" gewöhnlich, dass die Lebenschancen denen der Industrieländer angenähert werden sollen. – Von einer „Gerechtigkeit Gottes" zu reden, führt leicht zu Enttäuschungen, denn Gott ist aus menschlicher Sicht nicht gerecht: Er schafft nicht gleich gute Lebensbedingungen für alle Menschen. Wir können nicht damit rechnen, dass er gute Taten belohnt, die auf Erden nicht gewürdigt werden. Auch ist er nicht transzendenter Rächer für auf Erden ungesühntes Unrecht. Insofern

empfiehlt es sich, im christlichen Sprachgebrauch den Begriff Gerechtigkeit behutsamer zu verwenden.

[14] Dazu Luther in seiner Schrift „Von den guten Werken“ von 1520 (im Zusammenhang der Auslegung des 3. Gebotes „Du sollst den Feiertag heiligen“): „…Friede ist auch Gottes Werk, Ungeduld ist unseres Fleisches Werk, das soll feiern und tot sein, so dass also allenthalben wir feiern einen geistlichen Feiertag, unserer Werke müßig gehen und Gott in uns wirken lassen. Darum um solche Werke und den [alten] Adam zu töten, schickt uns Gott über den Hals viel Anstöße, die uns zu Zorn bewegen, viel Leiden, die zu Ungeduld reizen, zuletzt auch den Tod und Schmach der Welt, womit er nichts anderes sucht, als dass er Zorn, Ungeduld und Unfrieden austreibe und zu seinem Werk, das ist zum Frieden in uns komme. So spricht Jesaja 28: Er nimmt sich eines fremden Werks an, auf dass er zu seinem eigenen Werk komme. Was ist das? Er schickt Leiden und Unfrieden zu, auf dass er uns lehre, Geduld und Frieden zu haben. Er heißt sterben, auf dass er lebendig mache, so lange bis der Mensch durchübt, so friedsam und still werde, dass er nicht bewegt werde, es gehe ihm wohl oder übel, er sterbe oder lebe, er werde geehrt oder geschändet. Da wohnt dann Gott selbst allein, da sind nimmer Menschenwerke. Das heißt dann den Feiertag recht gehalten und geheiligt. Da führt der Mensch sich selber nicht, da gelüstet ihn selber nicht, da betrübt ihn nichts. Sondern Gott führt ihn selber. Eitel göttliche Lust, Freude und Friede ist da mit allen anderen Werken und Tugenden“ (Clemen I, 271).

[15] Z.B. Mk 10,13-16: Die Segnung der Kinder; und Mt 8,5-13: Der Hauptmann von Kapernaum

[16] Dazu eine aktuelle Meldung: „Das Präsidium der Union Evangelischer Kirchen (UEK) hat sich dagegen ausgesprochen, dass die EKD das lutherische ‚Augsburger Bekenntnis‘ von 1530 als Bekenntnis übernimmt. Das hatte die Vereinigte Evangelisch-Lutherische Kirche Deutschlands (VELKD) vor einiger Zeit angeregt. Die UEK bezweifelt, dass ‚der explizite Rückbezug auf normative Bekenntnisschriften der Reformationszeit die EKD als Kirche stärken‘ kann.“ (Zeitzeichen 10/2007, 71)

[17] Genaueres dazu im 1. Kapitel. Eine ausführlichere Darstellung und Begründung findet sich in meinem Buch: Für ein befreites Leben – 52 Jesusworte.

[18] Z.B. in Mt 13: Die Gleichnisse vom Sämann, vom Unkraut unter dem Weizen, vom Senfkorn; dazu in Mk 4,26ff: Vom Wachsen der Saat

[19] Die verbreitete Vorstellung, dass die Kirche (gemeint ist meist die eigene Konfession) nicht untergehen könne, halte ich für einen Irrtum. Anders verhält es sich mit der unsichtbaren Kirche.

[20] Beachtung verdienen etwa die Veröffentlichungen von Willigis Jäger (Die Welle ist das Meer; Suche nach dem Sinn des Lebens; u.a.), Eckhart Tolle (Eine neue Erde; Jetzt!), Neale Donald Walsch (Freundschaft mit Gott; u.a.).

[21] Vgl. auch 1. Ptr. 2,5 und Offb 5,10 und 20,6.

[22] Die „Gemeinsame Erklärung zur Rechtfertigungslehre" des Lutherischen Weltbundes und der Katholischen Kirche vom 31.10.1999

[23] Bekannt geworden sind sie m.W. unter diesem Namen durch einen Vortrag von Matthias Kroeger, den er 1986 in der Akademie Loccum gehalten hat: „Die religiöse Innenseite der distanzierten Kirchlichkeit." Er erinnert daran, dass die Anfänge distanzierter Kirchlichkeit in der Aufklärung liegen. Damals kam es zur ersten großen Emanzipationsbewegung von der Kirche. In späterer Zeit hatten die Distanzierten sogar ihre eigenen Vertreter und Vorkämpfer in der wissenschaftlichen Theologie, und zwar bei den sog. liberalen Theologen – auf etwas Entsprechendes müssen Distanzierte heute verzichten.

Kroeger verweist auf den Gebrauch des Begriffes bei K.W. Dahm (in: Beruf Pfarrer, 1971, 304). Der unterscheidet: „a) Die Kerngemeinde (örtlich verschieden 1 – 10 % der Mitglieder) ... b) Die sozusagen ‚distanzierte volkskirchliche Mehrheit' der Mitglieder."

[24] Andere Hochreligionen haben klarere Antworten: Der Islam im Gedanken des Kismet („Alla hat es so gewollt"), der Buddhismus und Hinduismus in den Gedanken von Wiedergeburt und Karma. Den christlichen Trostgedanken: „Gott leidet mit seinen Geschöpfen" finde ich wenig wirksam und wenig überzeugend (weil zu anthropomorph). Die kirchliche Grundaussage: „Christus hat uns erlöst" greift in diesem Zusammenhang nicht. Eine christliche Alternative zum Theodizeeproblem s. Kapitel 1.

[25] Ein Ausspruch von Snoopy aus den Peanuts bringt es auf den Punkt: „Christus ist die Antwort – aber was war die Frage?"

[26] Ich sehe in der Darstellung des gekreuzigten Jesus einen wichtigen Verkündigungsaspekt. Aber die Überfülle von Bildern und Kruzifixen in Kirchen und Gemeinderäumen scheint mir eher schädlich, weil dadurch Glaube assoziativ zu sehr mit Leiden verbunden wird. Der Aspekt der Freude und der Auferstehung kommt demgegenüber zu kurz.

[27] Ausführliche Begründung in Kapitel 2 und 7

[28] Mt 13,24-30 bzw. Lk 15

[29] Zwar stehen auch in den ersten drei Evangelien apokalyptische Worte von Jesus. Aber man hat sie ihm offenbar in den Mund gelegt, weil sie in die Zeit zu passen schienen und zu manchen seiner Äußerungen, etwa zu Markus 1: „Die Zeit ist erfüllt, das Reich Gottes ist nahe herbeigekommen." Aber er hat es anders gemeint: „Das Reich Gottes ist mitten unter euch" (Lk 17,21) – schon jetzt! Und im Glauben ist alles jetzt möglich. Vgl. dazu auch Kapitel 2.

[30] Um Missverständnissen vorzubeugen: In Jesu Sichtweise geht es dabei immer um den Gott der Liebe. Aber der hat aus menschlicher Sicht auch harte Züge: Er mutet den Menschen Unglücksfälle, Leiden und letztlich Sterben zu – aus weiblicher Sicht geschehen darin Prozesse von Verwandlung (B 4).

[31] Anders bei Paulus, dem theologisch Gebildeten, dem rastlosen Missionar, dessen Symbol auf alten Bildern immer das Schwert (des Geistes) ist.

[32] Paulus spricht oft von der Liebe und liegt dabei auf der Linie Jesu: „Seid niemandem etwas schuldig, außer, dass ihr euch untereinander liebt" (Rö 13,8); oder: „Die Liebe ist des Gesetzes Erfüllung" (Rö 13,10). Vgl. auch das Hohelied der Liebe in 1. Kor 13 mit dem Schluss: „Nun aber bleiben Glaube, Hoffnung, Liebe, diese drei; aber die Liebe ist die größte unter ihnen."

[33] Paulo Coelho schreibt über sie: „Jeder Mann, jede Frau ist mit der Energie verbunden, die viele Liebe nennen, die aber in Wahrheit der Rohstoff ist, aus dem das Universum geschaffen wurde. Diese Energie kann nicht manipuliert werden – sie führt uns sanft, in ihr liegt alles, was wir in unserm Leben lernen. Versuchen wir sie zu lenken, so bleiben wir am Ende verzweifelt, frustriert, enttäuscht zurück – weil sie frei ist und wild" (aus: Der Zahir, 172f).

[34] Wenn zwei Menschen sich ineinander verlieben, ist bei ihnen gewöhnlich Sexus, Eros und Philos mit eigennützigen Ego-Anteilen präsent. Ich gehe aber davon aus, dass in dieser Liebe immer auch die selbstlose Agape mit ins Spiel kommt. Sie steigert Freude und Stabilität in der Beziehung. Sie ermöglicht die Erfahrung einer ganzheitlichen Liebe.